OGATA
VILLAGE
STORY

秋田・大潟村の話しっこ

語り継ぎたいモノガタリ

佐藤晃之輔
KONOSUKE SATO

秋田文化出版

大潟村

総合中心地

村の基幹施設

防潮水門

排水機場（南部排水機場）

堤防（東部承水路堤防）アスファルトを破って草木が繁茂

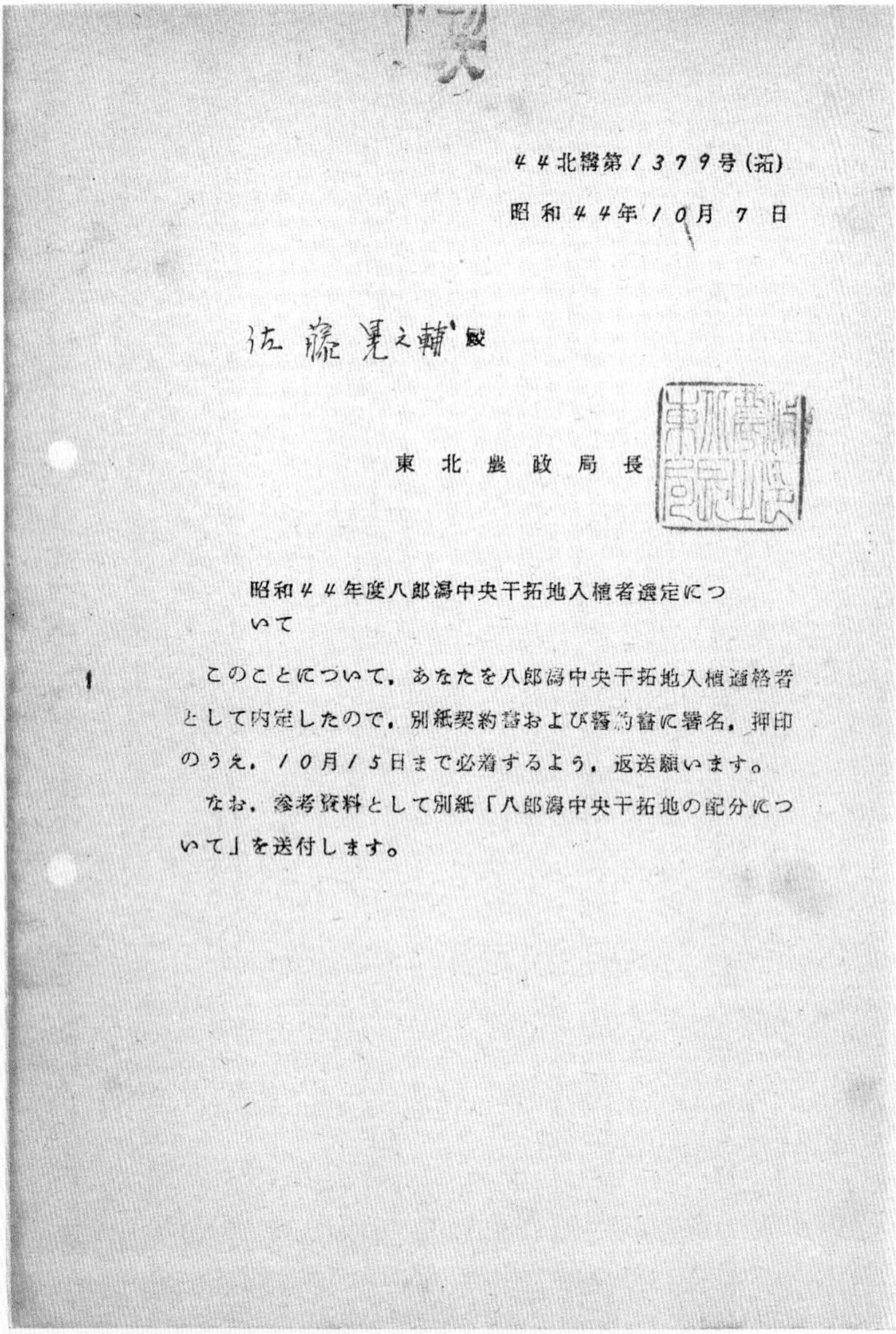

44北構第1379号(拓)

昭和44年10月7日

佐藤晃之輔殿

東北農政局長

昭和44年度八郎潟中央干拓地入植者選定について

このことについて，あなたを八郎潟中央干拓地入植適格者として内定したので，別紙契約書および誓約書に署名，押印のうえ，10月15日まで必着するよう，返送願います。

なお，参考資料として別紙「八郎潟中央干拓地の配分について」を送付します。

昭和44年度八郎潟中央干拓地入植適格者内定の通知

契　　約　　書

八郎潟中央干拓予定地の配分にあたり、農林大臣（甲）と佐藤見之輔（乙）とは、乙が配分を受け、将来取得すべき土地に関し、下記のとおり契約を締結する。

記

1　甲又はその指定する者は、乙がその配分を受けた干拓予定地につき、次の事項のいずれかに違反したと甲が認めるときは、乙の土地所有権取得後１０年間を限り、当該土地を負担金相当額をもつて買収することができる。
この場合において負担金の未払額があるときは、乙はその全額について繰り上げて支払いをするものとする。

(1)　八郎潟新農村建設事業団法第２０条第１項の基本計画に示された方針に従って営農を行うこと。

(2)　配分を受けた農地につき、甲が承認した場合を除くほか、所有権又は耕作権を移転するような行為又は他用途への転用は一切行わないこと。

(3)　営農における協調の必要性を深く認識し、水利用をはじめ、作付協定、機械の共同利用等に関しては、相互の協調、協力を図ること。

(4)　土地の所有権を取得するときまでに、乙が配分申込書の提出にあたり甲に提出した「農地耕作状況及び譲渡申告書」に定めるところにより申告した農地を処分していること。

2　前項の売買一方の予約は、乙が土地の所有権を取得したのちすみやかに乙の負担においてその土地についての所有権保存の登記と同時に仮登記するものとする。

昭和　49年10月24日

農林大臣　倉石忠雄　㊞

佐藤見之輔　㊞

昭和49年10月24日 農林大臣との契約書

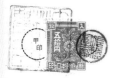

入植の頃

三角屋根の農家住宅は大潟村のシンボルであった。
本文85ページ（写真／『大潟村史』より）

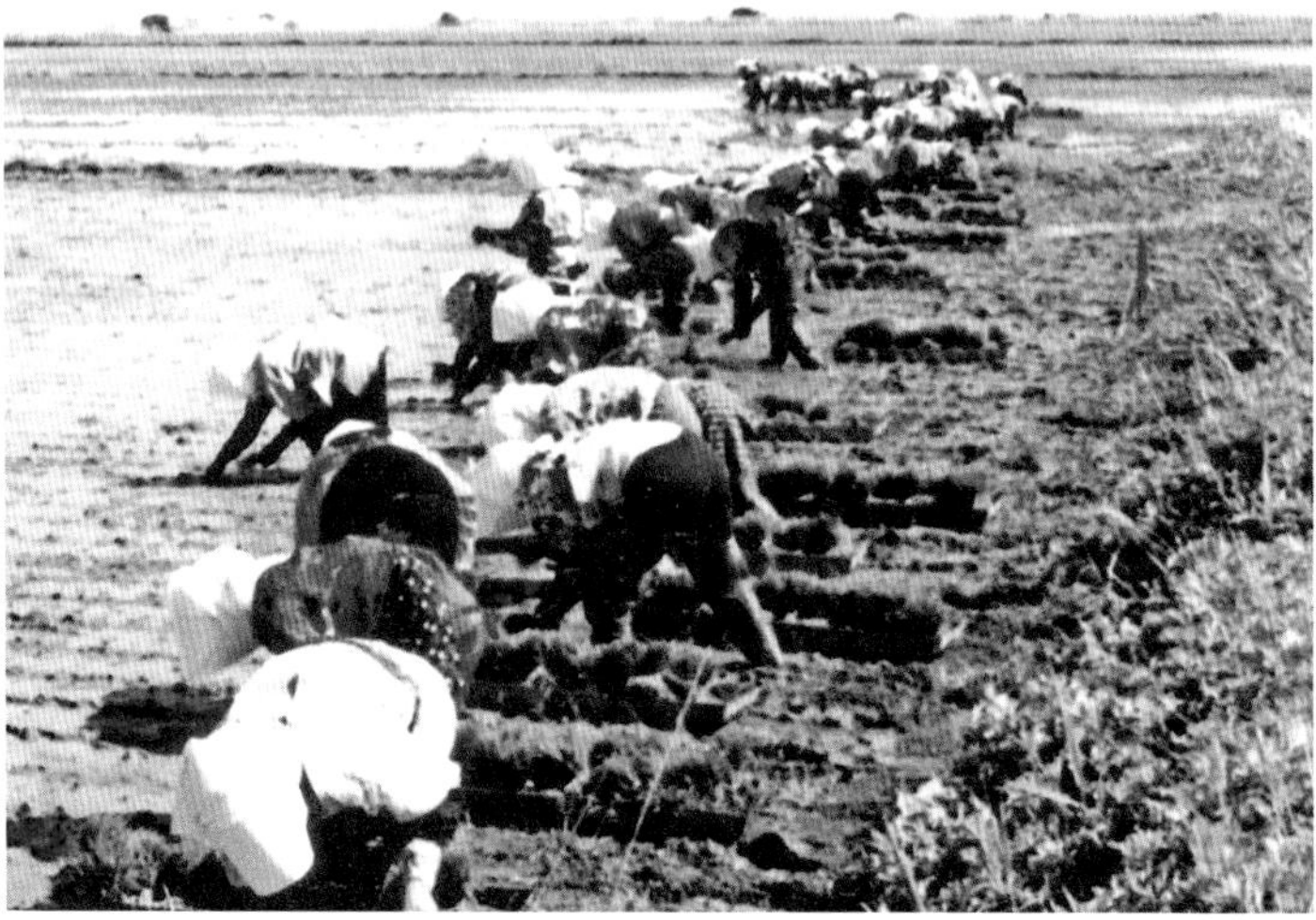

田植機が普及するまでは手植え移植を行い近隣地域から田植の女性を頼んでいた。本文126ページ（写真／船越薫さん撮影）

はじめに

「大潟村はどこから土を運んできて埋め立てたの？」「大潟村の土地は自由に売買ができるの？」「入植者の田んぼの配分面積は１戸どのぐらいなの？」、今もこのような声が村外の人たちから聞かれます。

大潟村が誕生したのは昭和39年（１９６４）10月１日です。令和６年（２０２４）は創立60周年を迎えますが、未だに世間の人たちは大潟村を漠然と捉《とら》えているようです。

こういう私も、「堤防はいつ、どのようにして造られたの？」「排水機場のポンプは何基あって排出能力はどのぐらいあるの？」などと具体的に聞かれると分からないことばかりです。私は昭和45年（１９７０）11月に４次入植者として入村し、54年目になります。しかし、大潟村のことを一つ一つ取り上げてみると、うろ覚えのことばかりです。村外の人たちが大潟村をよく知っていないなどと言う前に、村民である自分がもっと大潟村を知らなければならないと思い本書を著しました。

大潟村について書かれた書籍は多くありますが、写真集を除いてほとんど硬い内容です。本書は、折々に自分自身のことも取り入れ、読みやすさと面白さを第一に考え、従来とは違った形で編集してみました。

目次

第1章　大潟村の発足と歩み

1、大潟村の誕生

Q．大潟村の誕生日はいつですか。

A．昭和39年（1964）10月1日です。令和6年（2024）に60歳を迎えます。

Q．村の誕生までは、色々な手順を踏んで進められたと思いますが、その主なものを教えてください。また、10月1日にした理由も知りたいのですが……

A．秋田県は当初、干陸式が行われる9月15日を大潟村の発足日にしたいと考えていたようですが、地方自治法の「特例法」の事務手続きに時間が掛かったことにより、10月1日になったとされます。

特例法

Q．特例法とは、どういうものですか。

A．「大規模な公有水面の埋め立てに伴う村の設置に係る地方自治法等の特例に関する法律」という法律です。

Q. 随分長い名前ですね。どうしてこのような法律をつくらなければならなかったのですか。

A. 現行法では、埋め立てや干拓によって生まれた新しい土地は、隣接する町村に帰属させることになっており、八郎潟中央干拓地そのものを大潟村にすることができなかったとされます。特別な法律をつくり、大潟村という新しい自治体を設けることにしたのです。衆参両議院で可決され、昭和39年（１９６４）６月18日に法律第１０６号として公布・施行されました。そして、大潟村は秋田県で73番目の自治体になったのです。

これにより、大潟村と周辺11市町村との境界は残っている湖（調整池、東部承水路、西部承水路）の中心線にすることが定められました。

村名の決定

Q. 大潟村の名前はどのようにして決まったのですか。

A. 秋田県が中心になり、新村の名称を公募したのです。昭和39年（１９６４）７月７日から18日まで募集したところ、県内外から１６２１通・７１４の村名が寄せられました。大半は県内からのものでしたが、東北６県からのものも多く、中には広島、京都、東京からの応募もみられ、全国的に関心が高かったようです。

そして７月22日に新名選考会が、県、県議会、市町村長、農業団体、婦人会、青年会、学識経験者などの各界代表17名が出席して開かれました。第１次選考の結果、「湖生村」「新八郎潟村」「潟中村」「大潟村」「元潟村」「新生村」「秋潟村」「八郎村」「小畑村」「新生八郎潟村」「八郎新田村」「八郎潟干拓村」「新秋田村」「日本海村」の14案が選ばれました。それぞれの名称についての意見が交わされた後、投票が行われ、「大潟村」8票、「八郎村」3票、「八郎潟干拓村」「秋潟村」「新秋田村」が各1票となり、「大潟村」に決定しました。この名前は、(1)潟に関係がある (2)八郎潟のように広く大きい願いが込められている (3)「吾妻鏡《あずまかがみ》」(鎌倉時代の史書)の「大方《おおがた》の氷を渡る……」という歴史的な言葉につながることなどが含まれた良い名前であると評価されたとされます。

このことは、当時の各新聞に取り上げられ、大きなニュースになりました。

Q. 大潟村の命名者は、大和みよさんだと言われているようですが……

A. 正確にいうとそうではありません。「大潟村」と書いたのは、次の15名でした。大和みよさん(横手市)、田牧銀治さん(飯田川町)、中田利明さん(能代市)、鈴木光悦さん(秋田市)、麻木重雄さん(秋田市)、工藤正司さん(大曲市)、川村京子さん(大曲市)、進藤一郎さん(秋田市)、木村匡男さん(能代市)、吹谷弁五郎さん(大館市)、港久子さん(能代市)、岡田典鷹さん(秋田市)、益子元さん(秋田市)、長井京子さん(東京都)、島田桃扇さん(宮城県)です。この中から賞金を受け取る方を抽選したところ、大和さんが当選したのでした。ほかの14名には賞状と賞品が贈られました。(参考：当時の新聞記事)

その後、大和さんは宮城県に転出され亡くなられたとのことです。

役場の開庁

Q. 大潟村発足時、大潟村役場はどこに置かれましたか。また、その内容はどのようなものでしたか。

A. 昭和39年（1964）10月1日に大潟村が誕生しましたが、干拓地はまだ完全に干上がっていなく、道路は不備で、建物はもちろんありませんでした。したがって、県庁内に役場を置くことにして開庁式が行われました。『大潟村史』に嶋貫隆之助村長（村長職務執行者）が「大潟村役場」の看板を掛けている写真が掲載されています。この看板は現在、役場内に保存されています。開庁時の職員は、嶋貫村長を含め7人でした。住民は、南部排水機場と北部排水機場に勤める農林省の職員とその家族6世帯14人でした。昭和39年（1964）度の一般会計の決算は歳入・歳出ともに769万3000円であり、すべて県費が使用されました。

村長は村長職務執行者が正確な職名でしたが、通常は村長と呼ばれました。選挙で選ばれたのでなかったため、「官選の村長」（民選の村長に対比しての用語）とも呼ばれました。

地名と地番がまだ設定されていなかったので、すべて「大潟村官有地」でした。地名・地番が設定されたのは、昭和52年（1977）でした。このことについては117ページに掲載しています。

Q. 大潟村に役場庁舎が完成して業務が行われるようになったのはいつですか。

A. 県庁で開庁した役場は、昭和40年（1965）4月10日に県自治会館に移転し、大潟村で本格的に事務を行うようになったのは、昭和42年（1967）12月26日からでした。11月には1次入植者が入村し、住民が増加しつつあったので、11月30日に東2—1の15号住宅（村長用住宅が完成するまで、嶋貫村長が入居）に「大潟村役場出張所」が設けられ、1カ月ほど業務が行われました。この看板も役場内に保存されています。

Q. 嶋貫隆之助氏はなぜ村長（村長職務執行者）に選ばれたのですか。

A. 昭和30年（1955）4月に、秋田県知事に当選した小畑勇二郎氏は、八郎潟干拓に力を注がれました。この片腕として知事を助けて手腕を振るってきた実績が評価されたようです。昭和30年9月に「八郎潟干拓推進事務局」が設置された時は初代事務局長、その後は産業労働部長（昭和34年）、公営企業管理者（昭和37年）を歴任されました。

看板を掛ける嶋貫氏
（『大潟村史』より）

Q. 嶋貫氏が大潟村の初代村長（選挙で選ばれた村長）に選ばれたのはいつですか。

A．昭和51年（１９７６）、大潟村にようやく自治権が設置され、設置選挙（初めて実施される選挙）が行われました。この選挙で対立候補者（1次入植者）を破って当選し、本当の村長になりました。第1回目と第2回目は任期が2年だったので、１期2年間務められ、昭和53年（１９７８）8月に退かれました。職務執行者時代と合わせると、14年間、大潟村の基礎づくりに励まれました。嶋貫氏については123ページに詳しく掲載しました。

2、干陸式

Q．大潟村誕生前の9月15日に、干陸式が行われたということですが、その場所はどこですか。

A．「干陸式・新村設置記念式典」が行われた場所は、大潟神社付近です。大潟神社の西側（後方）に「八郎潟干拓碑」が建っています。この近辺が最も早く地面が顔を出して乾燥が進んでいたようです。大潟村役場付辺だと思っている方もいるようですが、そうではありません。

「野石橋」（男鹿市野石に通ずる橋）が昭和38年（１９６３）12月、祝田橋《いわいだはし》（同道村《どうむら》に通ずる橋）が昭和39年に完成し、旧若美町方向からローソン大潟村店（コンビニ）がある三差路付近まで道路が延びていたものと思います。

昭和38年（１９６３）11月12日に堤防が完成し、南北排水機場のポンプによって排水が始まりました。10カ月経った9月になると、約35％に当たる６０００haほどの湖底が姿を現しました。水深の浅かった西部地区（旧若美町寄り）はすでに土地の乾燥が進んでいたようです。干陸式の場所は207ページに詳細に掲載しました。

Q. 干陸式の内容はどのようなものだったでしょう。

A. 式典の参列者は、赤城宗徳農林大臣、吉武恵市自治大臣、田中伊三次衆議院副議長、オランダのヤンセン教授、駐日オランダ大使・デフォグト夫妻、小畑勇二郎秋田県知事など約1300名の関係者が出席。祭壇の中央には、9月7日に八郎潟実験農場（南部干拓地・旧天王町羽立地区）で収穫した「新雪」の初穂が3俵供えられ、関係者により玉串《たまぐし》奉てんが行われました。

神事の終了後には記念植樹が行われ、黒松600本が植えられました。ヤンセン教授のお手植えの松は、干拓記念碑の後方（北側）にあり、「P．Pヤンセン」の標柱が立っています。祝賀行事では、琴浜村（旧若美町、現男鹿市）の婦人会員400名が会場内で輪になって手踊りを披露。また、スポーツ大会も開催され、東北高校相撲選手権、中央干拓地の堤防を一周する八郎潟干陸・新村設置記念駅伝競走、東部承水路では県民体育大会ボート競技が行われました。

このように干陸式は協賛行事が多く開催され、1万人以上の人が訪れて終日にぎわったとされます。

Q. 駅伝競走は堤防を一周したとされますが、その時道路が出来ていたのですか。

A. 堤防を造った時の工事用道路が、堤防管理道路として整備されていたようです。現在は堤防管理道路として舗装され、立派な道路になっています。駅伝大会は、「干拓駅伝競走」として、現在も9月中旬の日曜日に開催されています。

私ごとになりますが、昭和46年（1971）9月19日、私は大潟村チームの一員として6区を走り、なんとか完走した思い出が残っています。選手がなかなか集まらなくて、入植訓練所の運動会（昭和45年6月）で2位になったことから声が掛けられたのでした。

干陸式の様子は、『大潟村史』に「八郎潟干陸・新村設置記念式典」としてまとめられています。また、川辺信康写真集『おおがたの記憶』にパノラマで写真が掲載されています。写真をよく見ると、遠方には所々に水たまりが写っています。このことから、まだ完全に干上がっていないことがよく分かります。

Q. 八郎潟の水が完全に排出されて干陸したのはいつですか。

A. 昭和40年（1965）7月26日です。『八郎潟新農村建設事業団史』に「中央干拓地地区内水位EL―4mとなり、1万5000haが干陸された」とあります。つまり、干陸式の後10カ月もかかったのです。

堤防（中央干拓地堤防）が完成したのは昭和38年（1963）11月12日です。工事に着手したのが昭和34年（１９５９）５月ですから実に４年６カ月に及ぶ大事業でした。堤防が完成してすぐ北部と南部の二つの排水機場の８台のポンプで６億㎥（ｔ）の水を汲み出す作業を始めたのですが、完全に干陸するまでは１年８カ月も掛かったことになります。

3、昭和39年当時の世相

Q. 昭和39年（１９６４）は、国内や県内ではどんなことがありましたか。

A. 何といっても「東京オリンピック」が10月10日に開催されたことです。戦後19年が経ち、日本の復興を世界にアピールした行事でした。多くの家庭にテレビが入り、オリンピックを観戦して日本中が熱狂しました。

「ウルトラC」「根性」などオリンピックに因んだ流行語が生まれました。

また、東京～新大阪間の新幹線が10月１日に開通したことも大きなニュースでした。政治面では、新首相に佐藤栄作が就任。流行歌では「お座敷小唄」「アンコ椿は恋の花」などがヒット。公務員の初任給が１万９１００円、ガソリン１ℓ48円、ラーメン70円でした。

秋田県では、男鹿の寒風山に回転展望台が完成。県人口は１２９万１６６３人でした（令和５年６月時点91万７５２５人）。高度成長へ向かって進んでいた良き時代でした。

昭和39年当時の自分

Q. 昭和39年（1964）9月15日の干陸式、10月1日の大潟村発足、10月10日の東京オリンピックの時には、あなたはどこで何をしていましたか。

A. この時、私は22歳で家業の農業を手伝っていました。八郎潟が干拓されて大潟村が誕生したことはニュースで知っていましたが、全く関心が無かったので、内容は知りませんでした。したがって、入植したいという考えは持っていませんでした。この頃は「ホワイトカラー」という言葉が流行しており、私は農協職員か役場職員になることが夢でした。「新農村と言っても、しょせん百姓に過ぎない……」と思っていたのです。

私は中学3年生から日記を付けています。9月15日の日記には、「晴れ。四郎治田の稲刈。午後4時から運び方、リヤカーで2回往復する」とあり、10月1日には、「快晴。朝から小田長根の稲上げ。今年は291束で、例年より多くの束数があったが、予想よりも乾燥していたので、運搬が楽であった。6束ずつ背負って、午前中8回、午後3回往復した。与吉郎夫妻が手伝いに来てくれた」とあります。〈四郎治田・小田長根は地名。与吉郎は母の弟〉

全く関心が無かった私でしたが、9月15日に秋田魁新報が「消えゆく八郎潟 生まれる大潟村」のタイトルで2ページにわたって特集した新聞記事をなぜか切り抜いて保存しています。潜在的に大潟村のことが頭にあったのでしょうか。この切り抜きは今、私の宝物になっています。

10日10日はオリンピックの開会式で、この日はテレビで観ましたが、そのほかは稲刈り作業が忙しくて実況放送（現在はライブと呼んでいる）は無理で、ニュースで結果を知るだけでした。24日の閉会式の日は、農協に出荷された米俵を倉庫に積み上げる作業に出ました。8地区の増産班（現在の営農組織のようなもの）に1人ずつ割り当てがあり、地区の若者たちが交替で毎日出るのでした。当時の米俵はワラで編んだ丸みのある形で60kg入りでした。肩に重さがずっしり伝わってきました。ベルトコンベアが無かったので、長い渡り板を組んで6、7mの高さまで積み上げる作業でした。一日いっぱいの労働で、体力のない私はヘトヘトになりました。

この日のオリンピックは、閉会式の前にマラソン競技があり、作業の合間に農協の当直室のテレビで観戦しました。エチオピアのアベベがダントツで優勝し、競技場に2位で入ってきた円谷《つぶらや》選手はイギリスの選手に追い抜かれて残念ながら3位。作業員全員が、「ガンバレ、ガンバレ」と応援したことが今も忘れられない思い出になっています。

きつい俵担《たわらかつ》ぎをした8人の若者でしたが、「大潟村という新しい村ができたようだ。こんな重労働の古い農業よりも、大潟村に行って近代的農業をやった方がどうだろうか……」と冗談交じりにも話す人は1人もいませんでした。当時の農村は、黙々と働く青年が模範であり、大潟村に行きたいなどと言うと、「カマキャシ者（身代をつぶす人）」「不真面目者《ふまじめ》」と軽《けい》蔑《べつ》される時代でした。

話は横道にそれてしまいました。本題に戻して、次の章の方に進めたいと思いますが、ここで八郎潟干拓の略年表を掲載します。年表はどの本にも末尾に掲載されていますが、最初に取り上げて干拓の流れを大まかに理解してから進めると、第2章以降の内容が分かり易いのではと思い載せてみました。

4、八郎潟干拓略年表

年月日	出来事
〈明治〉	
5（1872）・4・28	島義勇県令、八郎潟の干拓と築港を立案
34（1901）・12・23	県議会が武田千代三郎県知事に八郎潟干拓の建議書提出
〈大正〉	
12（1923）・7	可知貫一技師「八郎潟土地利用計画」（可知案）を作成

〈昭和〉

16（1941）	内務省が「八郎潟工業地帯造成計画」（金森案）を作成 農務省が「八郎潟干拓計画」（師岡案）を作る
20（1945）・10	農林省が八郎潟干拓調査に乗り出すと発表
21（1946）・4	農林省が干拓調査費1億2000万円を計上（5カ年計画）
21（1946）・5・13	周辺13カ町村の漁民が「八郎潟干拓反対同盟会」設立。蓮池知事は反対運動に手を焼き、調査費を返上
23（1948）	農林省が「八郎潟干拓国営事業計画」（狩野案）を作成。地元住民の反対と国内経済悪化で、またも見送り
27（1952）・7・1	農林省が秋田市に「八郎潟調査事務所」設置
28（1953）・2・9	八郎潟周辺漁民が「八郎潟干拓反対同盟会」を結成
28（1953）・7・27	周辺町村の賛成派が「八郎潟利用開発期成同盟会」結成
28（1953）・8・1	吉田茂首相、日蘭国交回復を図るため八郎潟干拓にオランダ技術者招致を保利農相に命じる
28（1953）・8・11	農林省は開墾建設課長をオランダに派遣
29（1954）・4・7	ヤンセン教授とフォルカー技師が八郎潟を視察

29（1954）・5・17	反対派が「一日市劇場」で総決起集会。反対運動強まる
29（1954）・7	ヤンセンレポート「日本の干拓に関する所見」届く
30（1955）・3	漁民代表30人、師岡所長の案内で京都府巨椋池、岡山県児島湾干拓地を視察して態度が軟化
30（1955）・4・25	反対同盟解散し賛成にまわり「八郎潟沿岸漁協連合」結成
30（1955）・9・8	沿岸農村青年３０００人「八郎潟干拓推進青年連盟」結成
30（1955）・10・1	県に八郎潟干拓推進事務局（嶋貫隆之助局長）設置
30（1955）・11・4	県議会に八郎潟干拓推進委員会が設置
31（1956）・4・23	農林省とオランダのＮＥＤＥＣＯ（ネザーランド・エンジニアリング・コンサルタント）の間で技術援助契約を結ぶ
32（1957）・1・14	復活折衝で干拓工事32年度着工。工事費5億６０００万円
32（1957）・4・20	特定土地改良工事特別会計により、八郎潟干拓に着工
32（1957）・5・1	八郎潟干拓事務所を設置。八郎潟調査事務所は閉鎖
32（1957）・12・26	25漁協３０００人漁民の漁業補償16億９１８４万円で妥結
33（1958）・8・5	試験堤防工事に着手

33（１９５８）・８・20	八郎潟干拓事業起工式を行う（秋田市体育館、船越）
33（１９５８）・12	西部干拓地１８１ha干陸
34（１９５９）・１・９	工事用石材採取の筑紫岳の買収妥結。６月から採石開始
34（１９５９）・５	中央干拓地堤防工事に着手
34（１９５９）・６・25	防潮水門工事に着手
34（１９５９）・12・31	南部干拓地第１工区１９２ha、第２工区１１９ha干陸
35（１９６０）・５・５	西部干拓地作付け開始。９月14日稲刈行う
35（１９６０）・５・23	漁業補償の配分に不満な「漁業補償適正化同盟会」の漁民らが県労働会館で２４００万円の追加配分の要求大会開く
36（１９６１）・３・31	防潮水門完成
37（１９６２）・９・２	船越水道改修工事に着工。しかし、地元の反対で中止
38（１９６３）・５・22	実験農場で、ヘリコプターによる播種行われる
38（１９６３）・11・12	中央干拓地の正面堤防締め切り、即時排水開始
39（１９６４）・１・16	船越水道工事再開。同22日、新水道貫通
39（１９６４）・５・７	男鹿沖地震で、正面堤防７・７kmに亀裂と沈下が発生

39（1964）・6・16	新潟地震で、新たに1㎞堤防が崩れる
39（1964）・7・22	新しい村の名称を「大潟村」に決定
39（1964）・9・15	八郎潟中央干拓地干陸式挙行。約5000haが干陸
39（1964）・10・1	大潟村発足。県庁内に役場設置
40（1965）・7・26	中央干拓地干陸終了（排水開始から1年8カ月かかる）
40（1965）・9・1	八郎潟新農村建設事業団発足
41（1966）・11・10	第1次入植者入植訓練所に入所。10月27日に終了し入植
42（1967）・11・14	第2次入植者入植訓練所に入所。10月29日に終了し入植
42（1967）・12・26	大潟村役場が完成し事務開始。村内にバス運行開始
43（1968）・9・12	中央干拓地の2000haを周辺2076戸に増反配分を決定
43（1968）・10・30	大潟小・中学校開校
43（1968）・11・15	第3次入植者入植訓練所に入所。10月31日に終了し入植
44（1969）・3・23	八郎潟カントリーエレベーター公社設立
44（1969）・9・27	農政審議会、減反政策を答申。5次入植者募集棚上げ

44(1969)・11・15	第4次入植者入植訓練所に入所。10月30日に終了し入植
45(1970)・2・7	米の減反、市町村に一律7・14%割当て。大潟村でも実施
45(1970)・9・13	大潟村農協設立
48(1973)・3・31	部分竣工する。入植者の償還金48年度から始まる
48(1973)・8・22	大潟土地改良区設立
48(1973)・10・17	既入植者に増反を告示。1戸当たり15haになる
49(1974)・3・31	償還金1回目の支払い始まる
49(1974)・4・4	第5次入植者入植訓練所に入所。10月30日に終了し入植
51(1976)・10・27	八郎潟新農村建設事業完工式挙行
55(1980)・2・14	方上地区入植(通称玉川入植)訓練終了し入植

(参考:『国土はこうして創られた』)

干拓事業区切りの行事

昭和33年8月20日（干拓博物館年表より）

干陸式

昭和39年9月15日（同）

完工式

昭和51年10月27日（同）

第２章――八郎潟の概要と干拓地

１、八郎潟の概要

Q. 八郎潟は日本第二の大きさだったと言われますが、その面積はいくらでしたか。また、干拓された面積はどのぐらいですか。

A. 総面積は２万２０７３haで、南北約27㎞、東西約12㎞の長楕円形でした。このうち１万７２０３haが干拓されました。つまり、湖の約78％が干拓地になったのです。ざっくり言うと、干拓地が５分４、残存する湖が５分の１の比率になります。ちなみに１番広い琵琶湖は約６万７４００ha、３番目の霞ケ浦は約１万６７００haでした。

干拓の内訳を表にすると次のようになります。

Q. 干拓地は大潟村だけだと思っていましたが、ほかに四つもあるわけですね。

A. そうです。大潟村（中央干拓地）と比べると面積は小さいですが、西部干拓地（旧若美町払戸地区）、南部干拓地（旧天王町地区）、東部干拓地（旧昭和町、旧飯田川町、現井川町地区）、北部干拓地（旧琴丘町、旧八竜町地区）の4カ所あります。これを総称して周辺干拓地、または地先干拓地と呼んでいます。この干拓地の総面積は1573haあります。大潟村と比べると10分1と小さいのですが、私の郷里・東由利村（現由利本荘

〔表1〕八郎潟干拓の概要

区　分	地区面積	農地面積	受益戸数
中央干拓地（大潟村）	15666 ha	11741 ha	
大潟村入植者農地		8976	589戸
周辺増反農地		1848	2079
公共機関農地		917	
周辺干拓地・西部干拓地	181	131	326
〃　南部干拓地	754	530	1078
〃　東部干拓地	387	263	721
〃　北部干拓地	251	127	248
周辺干拓地　計	1573	1051	2373
干拓地　計	17203 ha	12792 ha	
調整池・東部承水路	3911 ha		
西部承水路	657		
船越水道他	302		
八郎湖　計	4870		
総　計	22073 ha		

（参考：平成23年度版「大潟土地改良区の概要」『八郎潟新農村建設事業団史』）

市）の耕地面積の総計は１４６１haでしたので、いかに広いか分かると思います。

Q. 八郎潟の水深はどのぐらいでしたか。

A. １番深い所で４・７m、平均３mだったと言われています。御幸橋《みゆきばし》のたもとに人工の山「大潟富士」がありますが、この付近が八郎潟の中心部で水深もあった所とされ、頂上が海抜０mに造られています。地面から頂上までの高さを見ると、八郎潟の水の深さが実感できます。盛り土の重さで沈下しないように、底部には発泡スチロールの箱を積み重ねて山の高さが０mに保たれるようにしたとされます。この工法は当時の宮田村長のアイディアによるものだそうです。

Q. 残存している湖を調整池《ちょうせいち》、東部承水路《しょうすいろ》、西部承水路などと呼ぶのは馴染《なじ》みがないですね。

A. 言われてみればその通りです。私は入植して50年以上経つので、ようやくこの言葉に慣れてきましたが、承水路という言葉は広辞苑にも載っていない専門用語です。日常一般的に呼ぶ場合は「八郎湖」「東部八郎湖」「西部八郎湖」と呼んだらいいのではないかと私は思っています。もちろん公的に使用する場合は、正式名を使用しなければなりませんが……

2、干拓地について

干拓地とは

Q. 「干拓地」と「埋め立て地」はどう違いますか。

A. 干拓と埋め立ては基本的に違います。広辞苑によると干拓は「湖沼・海浜などに堤防を築き、排水して陸地や耕地にすること」とあります。つまり新しくできた土地は、湖面（水面）よりも低くなるので、自然に水が流れることができないため、ポンプなどで強制的に排水しなければなりません。

一方、埋め立ては、言葉の通り湖沼に土砂などを埋め立てて陸地化することなので、新しくできた土地は湖面よりも高くなります。したがって、ポンプなどで水を汲み上げる必要がないのです。

八郎潟干拓は純然な干拓地であり、大潟村や周辺干拓地（西部・南部・東部・北部干拓地）は湖面よりも低くなっています。したがって排水機場（ポンプ場）が造られています。

日本の干拓

Q. 日本にはどのような干拓がありますか。

A. 日本の干拓は藩政時代から行われたようで、大小多くの干拓地があります。戦後の国営干拓地で主なものを『日本の干拓地』から紹介すると表2のようになります。

①十三湖干拓地は、青森県岩木川河口の十三湖に位置。②森戸干拓地は、茨城県岩井市の利根川左岸に位置。③本新島干拓地は、茨城県の利根川下流域の霞ケ浦に面して位置。④印旛《いんば》沼《ぬま》干拓地は、千葉県利根川右岸の印旛沼の一部を干拓。⑤河北潟干拓地は、金沢市に隣接する河北潟を干拓。⑥加賀三湖干拓地

〔表2〕日本の主要国営干拓の概要

干拓地名	県　名	完工年	面積ha	入植戸数
① 十三湖	青森県	昭和43（1968）	1262	50
② 森　戸	茨城県	〃　29（1954）	614	19
③ 本新島	茨城県	〃　33（1958）	513	191
④ 印旛沼	千葉県	〃　45（1970）	863	57
⑤ 河北潟	石川県	〃　61（1986）	1126	28
⑥ 加賀三湖	石川県	〃　45（1970）	523	17
⑦ 鍋　田	愛知県	〃　39（1964）	400	136
⑧ 小中之湖	滋賀県	〃　27（1952）	305	139
⑨ 大中の湖	滋賀県	〃　43（1968）	1044	216
⑩ 児島湾七区	岡山県	〃　38（1963）	1266	462
⑪ 笠岡湾	岡山県	平成2（1990）	1807	43
⑫ 三　池	福岡県	昭和44（1969）	380	60
⑬ 有明海福富工区	佐賀県	〃　51（1976）	335	28
⑭ 有明海有明工区	佐賀県	〃　44（1969）	887	318
⑮ 諫　早	長崎県	〃　39（1964）	341	46
⑯ 横　島	熊本県	〃　50（1975）	505	89
⑰ 不知火和鹿島工区	熊本県	〃　44（1969）	420	90
⑱ 金　剛	熊本県	〃　34（1959）	336	168
⑲ 八郎潟	秋田県	〃　52（1977）	14989	589

は、石川県加賀市と小松市に隣接する柴山潟・今江潟の湖岸を干拓。⑦鍋田《なべた》干拓地は、名古屋市近郊の伊勢湾に面し、木曽川の河口部に位置。⑧小中之湖干拓地と⑨大中の湖干拓地は、どちらも琵琶湖岸に位置する。⑩児島湾七区干拓地は、児島湾には明治期からの干拓があり、七区は戦後国営で実施され、灘崎《なださき》町と玉野市の両域に隣接。⑪笠岡湾干拓地は、岡山県の南西端に位置する。開発時期が遅く一部が工業用地に転用され、水田が皆無で入植時に営農品種と配分面積が決められた。⑫三池干拓地は、有明海に面し、福岡県大牟田市に隣接する。⑬有明海福富工区干拓地は、佐賀県福富町に位置。⑭有明海有明工区干拓地は、佐賀県白石町・有明町に位置し、福富工区と隣接する。⑮諫早干拓地は、長崎県森山町に位置し、諫早《いさはや》湾干拓事業とは異なる。⑯横島干拓地は、熊本県横島町に位置し、有明海に面している。⑰不知火干拓地・和鹿島工区は、不知火海に面し、熊本県竜北町の地先を干拓。⑱金剛干拓地は、不知火海に面し、熊本県八代市の地先を干拓。（出典：『日本の干拓』）

干拓王国オランダ

Q. オランダは干拓王国と言われているようですが……

A. オランダの干拓は世界的に有名です。12世紀頃から始まったとされ、その歴史は古いようです。オランダは日本の九州ほどの広さで、国土の約半分は堤防がなければ水につかってしまうと言われています。「われわれの国は神に与えられたものでなく、われわれの血と汗でできた国である」とオランダ人は言っているそうです。八郎潟干拓と同じ頃に造られたフレポランド州の干拓は、大潟村の10倍近い面積で、人口約20万人とのことです。日本の干拓は、明治以降はオランダから強い影響を受けてきました。

Q．オランダといえば風車を連想しますが、風車は何の目的で造られているのですか。

A．風車は、小麦粉をひくために造られたようですが、現在は干拓地の水を汲み上げる動力として使用されているということです。

Q．「ポルダー」は、オランダ語で干拓のことだそうですが、大潟モール温泉「ポルダー潟の湯」という名前は「干拓地にある温泉」という意味なのですね。

A．はい、そういうことで付けられたようです。

秋田県の干拓

Q．秋田県内には、大潟村のほかに干拓地がありますか。

A．『秋田大百科事典』（秋田魁新報社）に、「西目潟干拓」と「象潟干拓」が載っています。要約すると、西目潟干拓は「本荘藩後期の大規模新田工事。西目町（現由利本荘市）潟保、沼田、井ノ岡周辺。藩では、古くから計画のあった東西約１４２０m、南北約１９００mの潟の開田を文政11年（１８２８）から15カ年をかけて行った。総経費３５００両をかけ、約１００haの水田を完成した。現在は西目町の農業の中心耕作地となっている。干拓記念碑が町役場の近くにある」。また、象潟干拓は「名勝地・象潟は、文化元年（1804）の地震による隆起現象（1・8〜2・7m）で陸地になった。本荘藩は3年後、前川付近（金浦町前川地区）から開田作業を行った。現在は象潟町の主要稲作地帯となっている」とあります。

これはどちらも干拓地とは言えないようです。西目潟干拓は、排水路（川）の掘削と埋め立てを併用して水田を造成したもので、八郎潟干拓地とは少し違うようです。象潟干拓の方は日本海が隆起してできた土地を開墾によって水田にしたもので、正確には開拓地になります。

また、複数の本に「文政9年（1826）に渡部斧松《わたなべおのまつ》が八郎潟西岸を約30ha干拓」とありますが、これは事実と違うようです。渡部斧松が開墾したのは渡部地区（現男鹿市）です。寒風山の麓《ふもと》にある「滝の頭《たきのかしら》」から約8㎞の水路を造って水を引き、約150haを開田したことは良く知られています。

昔は、干拓、埋め立て、開墾、開拓をあまり厳密に区別しないで取り扱っていたものと思われます。

第3章　八郎潟干拓の歴史

1、八郎潟干拓の起こり

Q. 八郎潟の干拓計画は古くから起こったのに、なかなか実現には至らなかったようですが、その辺の事情を教えてください。

A. 明治の時代になって、国の事業として八郎潟干拓構想が打ち出されたことが複数の文献に出ています。何点かの計画を紹介します。

(1)　明治5年（1872）4月28日、島義勇県令（知事）は八郎潟干拓と船越への築港を立案し、6月11日に政府に建議（旧憲法で、政府に意見を述べること）したところ、太政官・大久保利通から「思いあがった計画だ」と受け取られ、権力に屈して同24日に免職になったとされます。

明治19年（1886）以前は、中央政府が知事を任命しており、県令と呼んだようです。ちょうど嶋貫隆之助氏が村長職務執行者の場合と似ており、官選の知事だったわけです。島氏は初代知事で大分県の生まれでした。

(2)　明治34年(1901)12月23日、県議会が八郎潟干拓の建議書を武田千代三郎知事に提出。翌35年2月、同知事の転出で計画は立ち消えになりました。

(3)　大正12年(1923)7月、農務省可知《かち》貫一技師が「八郎潟土地利用計画」(可知案)を作成し、国営干拓計画が具体化したが、9月1日に発生した関東大震災のためお流れになりました。

(4)　昭和16年(1941)に内務省仙台土木出張所長・金森《かなもり》誠之が「八郎潟工業地帯造成」(金森案)を立案。農務省も農林技師・師岡《もろおか》政夫が「八郎潟干拓計画」(師岡案)を作成したが、同年12月8日に太平洋戦争が始まったため、どちらも実現に至りませんでした。

(5)　昭和20年(1945)10月、農林省が八郎潟干拓に乗り出すと発表し、翌21年(1946)4月に干拓調査費1億2000万円(5カ年計画)を計上しました。しかし、5月13日に八郎潟周辺13カ町村の漁師、住民が「八郎潟干拓反対同盟会」(児玉高道会長)を設立して反対運動を起こしたため、蓮池公咲知事はこれに手を焼き、調査費を返上したため実現しませんでした。

(6)　昭和23年(1948)に農林省農林技官・狩野《かのう》徳太郎が「八郎潟干拓国営事業計画」(狩野案)を作成したが、これも地元漁民の反対と国内経済の悪化で見送りになりました。

このように計画案が持ち上がっても挫折《ざせつ》を繰り返してきたようです。

Q. 古い時代からなぜ八郎潟干拓が何度も持ち上がったのでしょうか。

A. それは、食糧の増産という大きな目的があったからです。耕地の少ないわが国は有史以来、主食である米不足に悩まされてきました。度々冷害が襲い、飢えから脱出できない状態が続いていました。したがって、私たちの先祖は猫《ねこ》の額《ひたい》ほどの平地でも開墾して耕してきました。八郎潟は、浅くて平坦だったため、古くから候補地の一つとして挙げられてきたものと思います。

特に昭和20年（1945）8月の敗戦後の食糧難は深刻なものであったようです。復員軍人や海外に移住していた引き揚げ者などが国内にあふれ、この食糧不足を解決するため、政府は同年11月に緊急開拓事業を閣議決定し、山間地や荒れ地に入植を行いました。これを戦後開拓と呼んでいます。当然、八郎潟にも目が向けられたものだったと思います。この食料難については137ページ～142ページで私の考えを述べたので参照ください。

八郎湖調査事務所の設置

Q. 浮かんでは消え、消えては浮かんできた八郎潟干拓でしたが、日の目を見るようになったのはいつですか？

A. 昭和27年（1952）7月1日です。農林省が八郎潟調査事務所を秋田県庁内に設置して干拓計画に着手したのです。これを契機に事が進むようになったようです。8月28日に八郎潟干拓調査協議会が開かれ計画案の検討が行われました。この中には、昭和16年（１９４１）に「八郎潟干拓計画」を立案した師岡政夫氏も含まれていました。この時、師岡氏は農林省印旛沼干拓事業所長でしたが、昭和28年（１９５３）11月13日に調査事務所長に就任しました。この時、事務所は秋田市亀ノ町新町に移転したようです。

調査事務所長の師岡政夫氏は、干拓に対する思いが強い人だったので精力的に取り組んだものと思います。時には、干拓反対・賛成に割れて殺伐《さつばつ》になりがちな周辺住民の気持ちを和らげようとして「八郎小唄」と「八郎節」を作り、干拓をPRしたことが『国土はこうして創られた』に載っています。師岡氏は山形県の生まれで、昭和32年（１９５７）まで調査事務所長を務められ、昭和56年（１９８１）に東京で亡くなられました。

この「八郎小唄」と「八郎節」を『大潟村史』(平成26年発行）に収録したいと思い、東京の住居地を捜してお願いの手紙を出しことがありました。娘さんから「……父の遺品を探したら、歌の歌詞と楽譜が付いた印刷物が見つかりました……」とのご返事をいただき、大変感激した思い出が残っています。

2、オランダとヤンセン教授

オランダに技術協力要請

Q. オランダに干拓技術の協力を求めたのはいつですか。なぜオランダだったのですか。

A. 昭和28年（1953）8月1日「吉田茂首相が八郎潟干拓にオランダの技術者招致を命じる」と文献にあります。この吉田首相の指示が、くすぶり続けていた八郎潟干拓に大きく拍車をかけたようです。それまでは農林省内で干拓構想を進めていたのですが、国のトップが号令を掛けたのですから、これを契機に八郎潟干拓が本格的に進むようになりました。

話は少しそれますが、日本は三代将軍徳川家光の時代に鎖国政策を行いました。しかし、オランダだけは長崎の出島に入港が許されたとされます。また、明治11年（1878）には、イギリスのイザベラバードが日本を訪れ、『日本奥地紀行』という旅行記を著しています。その中の「第二十六信」に7月27日に鶴岡から秋田入りし、八郎潟の沿岸を通ったことが記録されています。関係部分を紹介します。

「港（土崎）から鹿渡までの間の左手に非常に大きな潟がある。（中略）八郎潟は狭い水路で海と連絡し、真山と本山と呼ばれる二つの高い丘に守られている。現在二人のオランダ技師が雇われていて、潟の能力について報告する仕事に従事している。もし、莫大な費用をかけずに水の出口を深くすることができるならば、北日本で極めて必要としている港を造ることができるであろう……」(平凡社『日本奥地紀行』より)

オランダは干拓の先進国です。文中には干拓については直接触れていませんが、初代島義勇知事が描いた八郎潟干拓とつながっているように私には思えます。

このようにオランダとは友好国として歴史的に深いつながりがありました。しかし、太平洋戦争で敵国になってしまったのです。

昭和26年（１９５１）9月8日に開かれたサンフランシスコ講和条約で日本は48カ国と講和を結び、国際社会に復帰し、翌27年4月28日に独立しました。この時、損失の大きかったオランダは、日本に賠償を求めないという講和条約の調印（署名・捺印して承認すること）を最後まで渋ったと言われますので、オランダは日本に対して大きな不満を持っていたようです。昭和28年（１９５３）8月1日、吉田茂首相は賠償金の代わりに干拓事業の技術協力費を支払うことで、国交回復を図ろうと、保利農相にオランダの技術導入を指示したのです。吉田首相のこの指示が、前述したように八郎潟干拓の強力な後押しとなりました。

このような流れがあり、オランダの技術を取り入れるようになったというのが通説になっています。

※講和条約に調印しなかったのは、旧ソ連、旧チェコスロバキア、ポーランドでした。

Q．平成28年（２０１６）12月25日付・秋田魁新報に、昭和25年（１９５０）4月頃、下河辺淳《しもこうべあつし》（当時26歳）が「八郎潟干拓をオランダの技術協力を得て行うようにと吉田茂首相に進言した」とありますが？

A．はい、私もこの記事を読みました。また、これに関した吉村彰氏の講演を大潟村干拓博物館で拝聴したこともあります。面白い逸話だと思いました。

これとは別に『国土はこうして創られた』には、ダレス米国務長官が吉田首相に「オランダの気持ちを和らげるよう一段の努力をなさることです」と告げたことが書かれています。また、吉田首相が児島湾干拓を車窓から望んだ時、随行者が「この干拓地はオランダの技術を学んで造られたのです」と答えたことが、吉田首相の心を動かしたとも伝えています。

このようなことから考えると、色々な要素が重なって吉田首相がオランダとの関係を持つ判断をされたのではなかったかと私は思っています。

ヤンセン教授来日

Q．ヤンセン教授が訪れたのはいつですか。

A．前述したように、吉田首相が保利農相に指示したのが昭和28年（１９５３）8月1日です。その10日後の8月11日には、農林省が古賀開墾建設課長をオランダに派遣して干拓の技術協力を要請しています。吉田首相が本気で動いたことがよく分かります。

オランダのヤンセンデルフト工科大教授とフォルカー技師が農林省清野技術課長らと八郎潟を訪れたのは、昭和29年（１９５４）４月７日でした。三倉鼻から八郎潟を視察した話はよく知られていることですね。この時に記念植樹した桜の木が三倉鼻にあります。ヤンセン教授らの来日は３月18日で、１カ月ほど滞在したとされます。

そして7月中旬、ヤンセンレポート「日本の干拓に関する所見」が農林省に届けられました。この内容は可知案と師岡案を合わせた内容で、今の干拓の基になっています。これを契機に八郎潟干拓は本格的に動き出したのです。

Q. ヤンセンレポート（ヤンセン案）は今どこにありますか。

A. この報告書は、大潟村干拓博物館に展示されています。ヤンセン案だけでなく、可知案、金森案、狩野案、師岡案も一緒に展示されています。いずれ大潟村の文化財に指定すべきものだと思います。

3、小畑知事の登場

Q. 小畑知事が八郎潟干拓に取り組んだ情熱は大きかったと言われますが……

A. 小畑勇二郎氏が県知事に当選したのは、昭和30年（１９５５）４月です。知事を退任したのが昭和54年（１９７９）４月ですので、６期24年間知事を務められました。退任するとき、

「私は八郎潟干拓に政治生命を掛けたと言っても過言でない……」と述べています。大潟村について書かれた本が多くあります。どの本にも小畑氏の業績が取り上げられています。小畑氏が知事に就任してから、事がどんどん進み、昭和32年（1957）に干拓工事が着工したのです。

『国土はこうして創られた』の中に、「初代島知事が成し遂げられなかった八郎潟干拓を、初代の遺志を継いで50代目知事が実現しなければという因縁を感じた」と記載されています。これを読み、私は熱いものを感じました。

Q. それでは、小畑氏が知事になってから着工までの歩みを教えてください。

A. 昭和30年（1955）から昭和32年（1957）4月20日の着工までを箇条書きにすると次のようになります。

〔昭和30年〕
10月1日　八郎潟干拓推進事務局を県庁内に設置（事務局長嶋貫隆之助）
11月4日　県議会に八郎潟干拓推進委員会が設置される

〔昭和31年〕
4月22日　農林省とオランダのＮＥＤＥＣＯ（ネザーランド・エンジニアリング・コンサルタント＝オランダ対外技術援助機関）との間で、技術援助契約結ぶ

〔昭和32年〕
1月20日　予算の復活折衝で、干拓工事費5億6000万円決まる
3月31日　八郎潟干拓事業計画書完成
4月20日　特定土地改良工事特別会計により、八郎潟干拓に着工
5月1日　八郎潟干拓事業所を設置（昭和33年6月16日八郎潟干拓事務所に改称）。総事業費195億円提示される（7カ年分）

このように昭和30年（1955）からは、干拓に向けて着々と準備が進み、昭和33年（1958）8月20日に干拓事業起工式（27ページ写真）が行われたのです。

干拓反対運動

Q．表では干拓工事が進む中、裏では漁業補償問題が繰り広げられたようですが……

A．干拓計画に対して、八郎潟で漁業を営んで生計を支えている漁民たちが反対運動を起こしたことは当然のことだったと思います。昭和21年（1946）に設立された「八郎潟干拓反対同盟会」（児玉高道会長・湖岸13カ町村で結成）を基にして、昭和28年（1953）に児玉専太郎（鹿渡漁業組合長）を会長にして組織を再編して行動を起こしました。昭和29年（1954）5月17日には、一日市劇場で総決起集会を開いて反対を決議しました。しかし、昭和21年頃のような大きなうねりにはならなかったようで、昭和30年（1955）4月25日

に反対同盟会は解散しました。これに代わって新たに「八郎潟沿岸漁業協同組合連合会」が結成されました。したがって、小畑氏が知事になった頃は反対運動よりも漁業補償の方に問題が移りつつあったようです。

Q. 反対運動が盛り上がらなかった理由はどうしてだったのでしょうか？

A. 漁業者の反対運動を取り上げている文献は多くあります。『八郎潟干拓事業誌』『八郎潟新農村建設事業団史』『国土はこうして創られた』『八郎潟はなぜ干拓されたのか』の中から整理して何点か挙げてみます。

第1は、干拓賛成派も多くおり、干拓推進を訴えたからです。昭和28年（1953）7月28日、湖岸14カ町村の賛成派が「八郎潟利用開発期成同盟会」(会長・高橋清一昭和町長）を結成し干拓促進を決議しました。この中には、早くから干拓実現に情熱を傾けていた二田是儀元国会議員や地元の有力者も含まれていました。石田博英代議士も賛成の立場でした。

第2は、干拓には消極的だった池田徳治知事が賛成を示し、昭和29年（1954）1月12日に石田博英代議士の紹介で吉田首相に昭和30年（1955）度着工を要望したことです。

第3は、昭和30年3月に各漁業組合の代表30名が、師岡干拓調査事務所長の案内で、京都府巨椋池《おぐらいけ》と岡山県児島湾干拓地を視察し、干拓の内容を理解して反対の考え方が和らいだことです。

第4は、漁民のほとんどが農業と兼業だったため、漁業よりも田んぼが安定していることが分かっていたので、干拓後に田んぼをもらった方が良いとの思惑が働いたことです。

漁民大会と万歳

Q. 小畑知事の「万歳作戦」が有名ですが……

A. 6期24年間知事を務められた小畑氏は、昭和54年（1979）4月29日で退任しました。その5日前の4月24日、大潟村村民体育館で記念講演がありました。大潟村（八郎潟干拓）に対する思い入れが特に強かったからだったと思います。講演の内容が『大潟村の今後に期待するもの』として冊子になっています。私はこの中の「漁民大会〝万歳〟の思い出」を読んでとても感激しました。この部分を意訳して紹介します。

「……漁民大会は、昭和31年（1956）2月初めに三つの会場で行われました。第1回目の会合を一日市小学校体育館で行いました。千人に余る人々で体育館はいっぱいになりました。私は壇上に立って、一時間ほど干拓の必要性を説き、そして三つの条件、即ち、この不安定な漁業をやるよりも安定した農業をやろうではないか。漁業補償はあなた方のいうとおりやる。そして、早期に完成する。こういうことを申し上げました。しかし、二時間話しても賛成という声があがらないので、私は壇上に立って〝皆さんの話は大体尽きたのじゃないか、ここで八郎潟干拓の万歳をやろうではないか〟といったのであります。私の音頭で、〝八郎潟の干拓万歳〟とやったたら、みんな立って一斉に手を上げてくれました。

翌日は鹿渡小学校でありました。また、一時間話しても二時間話しても論が尽きません。そこで私は、昨日のように壇上に立って、ここで万歳をやろうではないかといいました。すると、〝万歳はだめだ。反対だ〟というのです。昨日の話が伝わってきていたからでした。そこで私は〝あなた方には手が二本あるだろう。右の手は漁業補償の完全獲得。左の手は早期着工、早期完成。これだば何とだ〟といいました。こうして干拓万歳を何とかやりました。

3回目は、船越の体育館でありました。やがて、また万歳をやるといったら万歳は絶対にやらないというのです。〝そう言わないで、まず賛成反対は別にして、八郎潟の干拓を相談するための漁民大会だから、漁民大会万歳ならいいのではないか〟と言ったのであります。私は漁民大会の上に八郎潟干拓を入れて〝八郎潟干拓漁民大会万歳〟と言ったら、みんな勢いよくやってくれました。

万歳をかける人も唱和する人も、本当に凄惨《せいさん》というか、緊張した空気でありました……」

多くの住民はこの頃、「干拓反対」から「干拓もやむなし」と現実的にとらえるようになっていたと思われます。干拓によって自分たちの生活がどうなるだろうかと、不安を抱える人たちが増え、漁民大会にも多くの人たちが押し寄せたのではなかったでしょうか。万歳作戦は、別の面から考えると、悶々《もんもん》とした漁民たちの心を和らげた働きをしたとも言えると思います。

4、漁業補償

漁業補償の決定

Q. 漁業補償はどのようにしていつ決定したのですか。

A. 漁業補償については、昭和32年（１９５７）8月23、24日の第1回目交渉から、同年12月26日の第5回目交渉まで行われて決定したことが『八郎潟干拓事業誌』に詳細に記載されています。『八郎潟はなぜ干拓されたのか』では、このことを分かり易く紹介しているので、引用させてもらうと次のようになります。

小畑知事は「八郎潟干拓推進事務局」の嶋貫隆之助局長に指示して、漁協組合員1戸ずつ訪問して漁業収入と漁具をリストアップする作業を行わせました。50余人のスタッフが約３カ月調査して、補償金額を算出しました。これを踏まえて「八郎潟利用開発期成同盟会」（会長二田是儀）は、昭和32年4月に漁業補償の要望書を国に提出しました。補償の要求額は総額約30億円でした。そして、前述したように5回目まで交渉が行われたのです。

1回目の交渉では、農林省農地局長は「漁業権は補償できない。そんな例はない。漁船や漁網や漁具は補償する。所得補償一本でいきたい」と切り出し、「まったく話にならん」と言わんばっかりに手を横に振ったといいます。この時の国側の回答は、わずか5億円でした。

2回3回と交渉を重ね、5回目では小畑知事の働きかけもあって約1億円の積み上げがあって、約17億円*で妥結しました。だが、一部から「われわれの承諾なしに、なぜ調印してきた」と文句が出ました。二田会長は「不満なら私はやめる。あとは君たちが農林省と交渉し直すことだ」と怒ったといいます。当時の生々しい人間模様がよく表われていると思います。

＊正確な金額は16億9184万7000円

補償額の配分で大混乱

Q. 補償額の妥結に不満を示した人たちもやがて気持ちが収まり、個人ごとの金額の算出に進んでいくわけですが、その経過を教えてください。

A. 漁業補償が妥結した昭和32年（1957）12月26日に、農林大臣赤城宗徳、八郎潟漁業者代表・八郎潟利用開発期成同盟会長二田是儀、秋田県知事小畑勇二郎の三者によって「八郎潟干拓事業に伴う漁業関係補償に関する覚書」が交わされました。この内容は、漁業補償の配分は知事の責任の下に、期成同盟会が行うというものでした。

同盟会は早速、配分に取り掛かりましたが、事務作業が困難であり、秋田県知事に業務を依頼したとされます。これを受けて県は、開拓課が作業を担当して2年余りを掛けて配分案を作成しました。この原案を期成同盟会に提示した結果、妥当なものとして昭和34年（１９５９）5月17日に正式決定しました。そして各漁業者に通知されたのです。

Q. この時の漁業者は何戸でしたか。また、1戸当たりの補償金の平均はどのぐらいだったのでしょう？

A. 漁業者の戸数については、はっきり記載した資料がなかなか見つかりません。文献の多くは約２９００戸と記載されており、これが通説になっています。漁業者全員が漁業組合に加入したものではなく、非組合員も数10戸いたのではなかったでしょうか（昭和28年の資料では漁業者２７７０戸）。『八郎潟はなぜ干拓されたのか』には、「昭和35年（１９６０）５月17〜18日、２７２７戸の組合員全員に補償の配分書が郵送された」とあります。

この通知書によると、最高額７００万円、最低額4万７０００円、1戸平均約48万円でした。

Q. 配分書を受け取った後に騒ぎが起こったと言われますが……

A. 私はこの本を書くことになって、このことを初めて知りました。大騒動に発展したようです。それは、配分額が不公平だったことにあったようです。役員やその親戚に有利な配分案を作ったとの誹謗《ひぼう》中傷が流れたりして漁民は疑心暗鬼になり、騒動が大きくなったようです。何ごともそうですが、人間は利害が絡むと本気度が違ってきます。

干拓反対、賛成運動はどちらかというとリーダーの後ろについていくような形で、漁民個々の盛り上がりはそれほどでもなかったようですが、この騒動は末端の漁民が自ら立ち上がったのですから、切実なものであったと思います。

Q. 漁業補償が妥結してから、配分通知が届くまで2年5カ月も掛かっていますが、この間、補償金額は支払われなかったのですか？

A. いやこの間、何回か支払われたようです。昭和33年（1958）8月6日、同年12月30日、昭和35年（1960）3月31日、同年4月11日などの支払いが年表に見られます。『八郎潟新農村建設事業団史』では、昭和35年4月30日に支払い完了となっています。

Q. さて、話を不満運動に戻しますが、騒動はどう展開し、いつ治まったのですか？

A. 昭和35年（1960）5月23日に補償金の配分を不満とする漁民たちが、秋田市の県労働会館で漁民大会を開いたとされます。そして、5月30日には、八郎潟漁業補償金適正化連盟（会長石川定雄）が、6月20日には八郎潟漁業補償非組合員連盟（会長長田森由松）が結成されました。これらの動きを『八郎潟はなぜ干拓されたのか』から拾ってみます（意訳）。

「……不満を持った漁師の中から補償金の再配分、つまりもう一回やり直せという声が上がりました。この再配分の動きは瞬く間に広がり、昭和35年（１９６０）６月21日には湖岸の漁協のうち23漁協が再配分を決議しました。再配分を要求した漁師たちはムシロ旗を立ててデモを行い、漁協や県庁、果ては知事公舎にまで押し掛けたそうです。（中略）期成同盟会の代表と再配分を求める漁師代表を含めた関係者約70人で、〝八郎潟漁業補償対策委員会〟を設置して漁師同士で再配分のルールを決めるようにしたのですが、それは結果的に漁師同士の利害対立を激化させてしまったようです。鹿渡漁協では組合長リコール問題から組合が分裂するとか、高額配分を受けた３００人の漁師が再配分に応じないと決議するなど、漁民の間に深刻な亀裂を起こしました。干拓に反対するときは一緒だったのに、補償金をもらってみたら、漁民同士を分断する結果になってしまったようです。周辺地域の人々に屈折した思いがある原因の一つはこの補償金の一つではないかと思います」

さて、この騒ぎがいつ収束したかについては、『八郎潟干拓事業誌』に「ようやく昭和39年（１９６４）に一応調整再配分を終了した形となっている」ととどめているだけです。

再配分問題が起こった昭和35年（１９６０）は、南北排水機場や防潮水門が建設中でした。問題が終結した昭和39年（１９６４）は大潟村が誕生した年です。干拓工事でにぎわった裏側には、このような問題が起こっていたことを考えると複雑な気持ちになります。

Q. 漁業権はどのようになったのですか？

A. 昭和32年（1957）12月26日、漁業補償が妥結したときに漁業権は事実上消滅しました。ただし、干拓工事に支障のない範囲で操業してもよいとの覚書が、干拓事務所長、県知事、漁業代表者との間で交わされました。

第4章　基幹施設

1、中央干拓地の堤防

Q. 大正12年（1923）に、「可知《かち》案」が出されてから30数年の曲折を経て、ようやく八郎潟干拓が実現するわけですが、予算がついて着工したのはいつですか。

A. 国営干拓として「可知案」「金森案」「師岡《もろおか》案」が出されましたが、いずれもお流れなったことは、第3章で述べた通りです。

八郎潟干拓の積年の願いがようやく実現したのは、昭和32年（1957）4月20日です。特定土地改良工事特別会計により、着工したのです。そして5月1日、八郎潟干拓事業所が設置され、翌33年8月には、南部干拓事務所（男鹿市船越）と東部干拓事務所（八郎潟町一日市）、その後、北部干拓事務所（三種町鹿渡）が置かれ、本格的に工事が開始されました。

そして、昭和33年8月20日に八郎潟干拓事業起工式が、三浦農林大臣が出席して盛大に行われたと記録に載っています（27ページ写真）。

堤防工事に着工

Q．八郎潟干拓工事の第一歩は、堤防造りから始められたと思いますが、当然、湖が満水の状態で工事が進められたわけですね。

A．堤防工事は、八郎潟に満々と水がたたえられていた時に行われました。湖底の土壌は、ヘドロ（粒子の細かい粘土）と呼ばれる軟弱な地盤だったので、この上に堤防を築くことは干拓事業の最も難工事で、技術者たちを泣かせたと言われています。

Q．大潟村を取り巻く堤防の総延長はどのぐらいですか。

A．約52kmです。この52kmの堤防の総称を中央干拓地堤防といいますが、あまりにも距離があるので、通常は正面堤防（調整池側）、東部承水路堤防、西部承水路堤防の三つに分類されて取り扱われています。

工法の検討

Q．それでは堤防の構造や工事の内容について教えてください。

A．先ほど述べたように八郎潟は軟弱な地盤だったので、直接盛り土しても沈下してしまうため、土台をしっかり造る必要がありました。この土台造りの工法については、当時の新聞記事や複数の本に掲載されています。これを参考に、簡潔にまとめてみると次のようになります。

まず、三つの案が挙げられ、試験堤防を造って安全度や工事費などが検討されたとされます。第1案は、サンドパイル工法といい、ヘドロに砂の柱（直径50、60㎝）を埋め立てる方法。第2案は、砂置換え工法で、上部のヘドロを取り除いて砂と置き換えて、その上に盛り土する方法。第3案はサンドベッド（砂の床）工法といい、広い幅の砂の床を造り、その上に盛り土する方法でした。

三つの工法のうち、オランダの技術者は第2案を主張、日本側は第3案を主張、どちらがよいか試験堤防を造って、安全度や工事費などを実験したとされます。また、破壊実験も行われたとされます。

Q. 試験堤防を造った場所はどこだったのですか。その結果はどうだったのでしょうか。また、破壊試験は、どのようなことを行ったのでしょう。

A. 昭和33年（1958）8月5日に試験堤防に着手となっています。場所は今の正面堤防の所に250mずつ造ったようです。その結果は一長一短だったため、サンドベッドと砂置換え工法との折衷案で築提するという結論になったとされます。

これを「置換え工法」〔図1〕と呼んだようです。内容を説明すると、地表から2mほどの深さの泥を排出し、その穴に良質の砂を入れて土台を造ることでした。この土台のことを多くの本は「サンドベッド（砂の床）」という専門用語を使っていますが、私は「砂の土台」と一

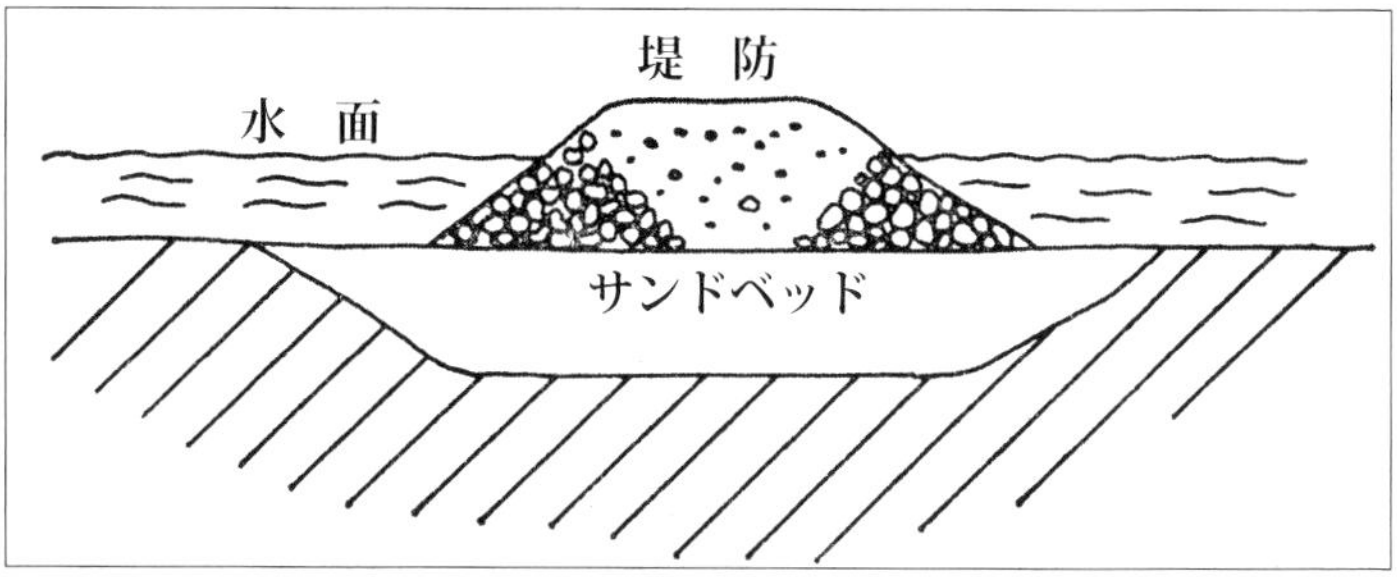

〔図1〕置換え工法の概念図（『国土はこうして創られた』より）

般用語で呼ぶ方が後世に伝える上で分かりやすいと思うので、随所にこの言葉を使用することにします。

ただ、約52㎞の堤防すべてを置換え工法で行ったものではなく、西部承水路堤防など地盤が砂地の場所は、直接盛り土をしたことが『八郎潟新農村建設事業団史』に掲載されています（表4参照）。

破壊試験が行われたのは、翌34年（1959）4月25〜28日です。どのようなことを行ったのかについては、どの資料からも見つかりません。私の想像になりますが、ダイナマイトで振動を起こして、沈下の度合、亀裂の程度、耐震性などを試験したものではなかったでしょうか。また、どのぐらいの振動で壊れるのか強度の実験もしたものと思われます。

工事の内容

Q．このように入念に準備を整えて、いよいよ堤防工事を始めるわけですが、いつ着手し、いつ終わったのですか。

A．中央干拓地の堤防工事に着手したのは、昭和34年（1959）

5月です。そして、正面堤防が閉め切られたのは、昭和38年（1963）11月12日です。実に4年半という長い月日をかけて完成したのです。

Q. 湖底の泥を掘り下げて〝砂の土台〟を造り、その上に土砂を盛り上げていったわけですね。これには大型の浚渫船《しゅんせつせん》（湖底の土砂を取り出す船）が多く使用され、それらの船舶は「八郎潟艦隊《かんたい》」と呼ばれたということですが、具体的にはどのような船だったのでしょう。

A. まず、船舶の種類を挙げると、「カッター式浚渫船」「サクション式浚渫船」「土運船《どうんせん》（土運搬船）」「土運船の曳舟《ひきふね》（引き船）」「石運船（石運搬船）」「石運船の曳舟」「油槽船（油タンク船）」などです。

カッター式浚渫船は、湖底の土砂をカッターで掘削し、それをポンプで吸い上げる働きをしました。「八竜」「呑竜《どんりゅう》」などと名前が付けられた船舶が使用されました。

サクション式浚渫船は、船体から湖底にノズルを伸ばし、ポンプで砂を吸い上げ、土運船に積み込む働きをしました。この浚渫船は、当時、日本にはなく、オランダの技術を取り入れ、国内のメーカーが深さ15mまで浚渫できる船を3隻《せき》製作しました。船には、「双竜」「第三公団丸」「昇竜」と名前が付けられたとされます。

土運船と曳舟は連結されていました。採土地でサクション式浚渫船から吸い上げた土砂を土運船に積み、曳舟で堤防の場所まで運んだのでした。列車に例えると、土運船は貨車、曳舟は機関車のような感じだったのではないでしょうか。土運船の積載量は２００㎥の能力を持っており、船底の扉を開くと土砂が落下する仕組みになっていました。落下した土砂は、サンドポンプによって堤防に盛り上げられました。

石運船と曳舟は、前述同様、連結されていました。土砂を盛った堤防が波によって浸食されるのを防ぐため、大きな石が大量に置かれました。これを「捨石工事」といいます。

この護岸用の石は、「筑紫《つくし》岳《だけ》」*から運んできました。捨石工事に使用された量は、１２４万ｔに達したと言われます。

これらの多くの船が活動する姿は、戦時中の海軍の部隊になぞらえて「八郎潟艦隊」と呼ばれたといいます。

使用された船舶は、表３のようになります。

＊三倉鼻の隣にあった標高約１５０ｍの山で、昭和34年1月9日に１１９５万円で全山を買収。

〔表３〕八郎潟で使用された船舶

種別	農林省船	機械公団船	業者船	計
カッター付浚渫船 (デーゼル) 600ps	1	4	—	5
〃 (〃) 230ps	—	—	1	1
〃 (電 動) 500ps	1	—	5	6
〃 (〃) 200ps	—	—	4	4
サクション式浚渫船 (デーゼル) 600ps	1	—	—	1
〃 (〃) 400ps	—	1	—	1
〃 (〃) 350ps	1	—	—	1
〈小 計〉	(4)	(5)	(10)	(19)
土 運 船 (200㎥—非航式)	12	4	—	16
曳 船 (30～40ｔ)	8	3	—	11
〈小 計〉	(20)	(7)	(0)	(27)
石 運 船 (木製25～35㎥—自航式)	42	—	—	42
(鋼製100㎥—非航式)	2	—	—	2
曳 船 (18～20ｔ)	5	—	—	5
〈小 計〉	(49)	(0)	(0)	(49)
監 督 船	14	—	—	14
油 槽 船 (10kℓ)	2	—	—	2
その他ボーリング船等	13	—	—	13
〈小 計〉	(29)	(0)	(0)	(29)
合 計	102	12	11	125

(出典：『八郎潟新農村建設事業団史』)

Q．堤防に使用された〝盛り土〟は膨大な量のようですが、この土砂を採取した場所はどこですか？

A．表4にあるように、使用された盛り土は2263万㎥という膨大な量です。この土砂の大部分は調整池西側半分が砂地盤だったため、この区域から採土したとなっています。

しかし、私はやや疑問を持っています。調整池だけからの採土であれば、湖が異常に深くなるはずですが、現在見る限りではそのようには見えません。というのは平成元年（1989）にシジミ貝が大繁殖*し、多くの人たちが訪れて湖に入ってシジミ狩りをした様子を思い出します。シジミは浅瀬でなければ繁殖しません。また、調整池には小さな島が数個あります。このことからすると、そんなに深いとは思えないのです。

それでは、どこから採土したのか？　全く私の推測になりますが、もっと広い範囲から採土したのではないでしょうか。例えば、西部承水路やその近辺などです。また、総合中心地付近はナカゼ（中瀬）と呼び、湖底が高く（浅く）なっていたといいます。現在は平坦になっているので、ここからも相当量の土砂が運ばれたものと思われます。

昭和34年（1959）〜38年（1963）頃に現場で働いた人から聞き取りをして正確なことを残したいものだと考えています。

*昭和62年（1987）9月、防潮水門から海水が流入したため、調整池にシジミ貝が大繁殖。

Q. 砂の土台（サンドベッド）造りは、理論的にはよく分かりますが、実際やるとなると難工事だったと思います。1日でどのぐらい行うことができたのでしょう？

A. このことについては、とても良い資料があります。それは、昭和38年（1963）9月から毎日新聞が連載した「生まれ変わる 八郎潟」という特集です。28回目に八郎潟干拓東部事務所工事課の太田丈夫技師の言葉が載っていますので、これをそのまま転載します。

「ヘドロの上の築堤は、まず水深3、4mの所にある泥を取り除く作業から始まります。あらかじめ作られている図面によって路線を測定し、路線に沿って浚渫船を据え付けます。浚渫船は600馬力の双竜（サクション式浚渫船）などが当たりますが、1回の往復で泥を吸い上げる幅は100m。堤防の底幅は200m余りあるので、どうしても2回以上は往復しなければなりません。深さは2mまでしか掘らないのですが、1日24時間フル活動しても、20～30mしか進むことができません」

これを読むと、工事の内容や現場の実情が良く分かります。

Q. 話は前後しますが、浚渫した穴にどのようにして砂を入れて、土台（サンドベッド）を造ったのでしょう？

A. これも太田技師の言葉が実情を良く伝えているので掲載します。

「この作業は、湖底が砂の所に浚渫船を据えて砂を土運船に積み込んで運びました。土運船の底を開いて砂を落としてサンドベッドを造りました。いずれも水中の作業なので、労務者たちが決められた深さまで砂を掘り、規定量だけ船に積み、さらに正確に浚渫した位置（穴）に砂を入れるか見極めるのがなかなか困難でした。5、6隻の土運船が1日70〜80回、真夜中もぶっ通しで運び続けるのです。それを1隻ずつ確認して規定通りやっているか確かめなければなりません……」

言うまでもなく、干拓事務所が工事の内容を設計して図面を作り、工事を行ったのが業者です。しかし、水中の仕事なので、業者も戸惑うことだらけだったと思います。太田さんたちはそれをよく指導・監督して工事を進めた苦労が伝わってきます。実際、現場で携わった人の話は貴重です。昭和38年当時、太田さんは29歳ですので、現在89歳ほどの年齢になっていると思います。近くに住んでいるようでしたらお会いして色々お聞きしたいものです。

Q. 苦労して出来上がった砂の土台（サンドベッド）の上に、堤防の本体の砂を盛り上げていったわけですね。それはどのような方法で行われたのでしょう。

A. 太田技師は、土運船で運ばれてきた砂を浚渫船からパイプで送って吹き上げたと言っています。この場合、砂と水を混ぜてパイプが詰まらないように混合バランスを保つことが大切だったようです。盛り上げた砂はブルドーザーで整地して、水面の部分に波をよける石を捨てたとされます。

Q. 堤防築造のために全国から多くの船が集まったということは、これに関係する人も多く集まったということですね。

A. その通りだと思います。全国から多くの業者や地元の労務者などが集ってにぎわったとされます。誰が付けたのか、この人たちを「お船屋さん」という愛称で呼んだと「生まれ変わる 八郎潟」の中に載っています。

Q. 堤防は大雨やその時起こる大波なども考慮した構造と聞いていますが……

A. 中央干拓地堤防は、調整池や東西承水路の異常高水位に耐えなければならないため、計画雨量に１０００年確立を採用して安全が確保されるように設計されたといいます。

Q. このように一つ一つ説明を聞くと、日本の土木技術の粋《すい》を尽くした大事業だったことが良く分かります。秋田県は、令和5年（２０２３）２月、歴史的な建造物や特徴がある土木施設などを集めた「未来へ伝えたい秋田のインフラ50選」を発表したとの報道がありましたが、大潟村の堤防は代表格ですね。

A. 私はそう思います。秋田県だけでなく日本の戦後インフラのトップクラスではないでしょうか。日本の文化遺産の一つと言えます。インフラ50選には「八郎潟干拓地」として大潟村全体を載せています。

Q. このように英知を結集して築造された堤防ですが、何しろ軟弱地盤の上にあるわけですから、盤石とは言えませんね。

A. はい、その通りで沈下が大いに心配されます。特に正面堤防はヘドロ層が深いため、堤防の土台となる敷地幅を260m以上も設けていますが、自然沈下はもちろん、地震による沈下があるという宿命にあります。

堤防が完成したのは昭和38年（1963）ですが、昭和46年（1971）に第1期の嵩上《かさあ》げ工事を行っています。第2期は、昭和59年（1984）前後を予定していたようでしたが、くしくも昭和58年（1983）5月、日本海中部地震が発生して堤防が大きな被害を受けました。鋼板を打ち込むなど復旧工事が行われ、総額327億円の巨費をかけて2年後に完了しました。それから40年の年月が流れ、また、沈下が心配されています。令和4年（2022）12月15日、大潟村と大潟村議会は県に対して「大潟村の堤防に関する要望書」を提出しました。内容は「正面堤防嵩上げ工事計画区間の予算の確保と継続実施」を中心に要望しています。

Q. 大潟村の存立は堤防に掛かっているわけですね。

A. まったくその通りです。堤防あっての大潟村です。

〔表4〕中央干拓地堤防の内訳

項　目	正面堤防	東部承水路堤防	西部承水路堤防
延　長	9299 m	19857 m	22020 m
〔工法別延長〕			
砂置換	4173 m	5000 m	3900 m
サンドベット	504 m	0	0
直接盛土	4622 m	14857 m	18120 m
最大堤防敷幅	261 m	176 m	53 m
使用土量	1225万m³	793万m³	245万m³

〈使用土量総計　2263万m³〉

（出典：『八郎潟新農村建設事業団史』）

浚渫船（干拓博物館年表より）

2、周辺干拓地の堤防

Q．今までは大潟村の中央干拓地堤防について教えてもらいましたが、周辺干拓地にも堤防があるわけですね。今度は、周辺干拓地の堤防について教えてください。

A．干拓地には堤防が必ず付きものですから、周辺4カ所の干拓地にも堤防が当然あります。

1番早く造られたのは西部干拓地の堤防で、昭和33年（1958）4月着工、翌34年3月に完成しました。昭和35年（1960）5月19日に試験田が設けられ、砂地における栽培試験が行われました（9月に稲刈実施）。試験田は昭和38年（1963）まで継続されました。中央干拓地（大潟村）よりも一足早く干陸されて作付けしたわけです。

南部干拓地堤防は、中央干拓地堤防と同じ昭和34年（1959）5月に着工し、昭和36年（1961）に完成しました。同年5月9日、試験田が設けられ、ヘドロ地における栽培試験が行われました（9月に稲刈実施）。試験田は昭和39年（1964）まで継続されました。これも中央干拓地堤防よりも一足早く干陸されたのです。

北部干拓堤防は、やや遅れて昭和37年（1962）4月に着工し、翌38年11月25日に完成しました。

東部干拓堤防は、北部よりも1年遅れて昭和38年（1963）に着工し、同年11月25日に完成しました。

3、排水機場の構造と機能

Q．前項では堤防工事について多くのことを知りました。立派な堤防が出来上がった後は、それに似合ったしっかりした排水機場が必要ですね。排水機場はいつ造られ、その構造はどのようになっているのですか。

A．排水機場は、「南部排水機場」と「北部排水機場」の二つがあります。南部排水機場は昭和34年（1959）、北部排水機場は翌35年（1960）に着工し、どちらも昭和38年（1963）10月に完成しました。中央干拓地堤防が完成したのが昭和38年11月12日ですから、一足早く完成していつでも排水ができるように準備が整っていたわけです。

どちらの排水機場にもポンプが4台設置されています。口径2200㎜（動力は1450kwモーター）と1800㎜（動力は970kwモーター）の異なるポンプを2台ずつ組み合わせて、1秒間に8㎥（t）から40㎥（t）まで状況に応じて排出できるようになっています。つまり、北部・南部両排水機場をフル回転すると、1秒間に最大80㎥（t）の排出能力があるのです。

両排水機場には違いが一つあります。それは、南部排水機場に2200㎜（動力は380

kwモーター）のポンプがもう1台設置されていることです。これは、西部承水路に水を送る専用のポンプです。西部承水路には大きな河川が無く、農家が必要な時に水不足にならないように、幹線排水路の水を送ることができるようになっています。

両排水機場は、昭和58年（1983）に起きた日本海中部地震などの影響により機能が年々低下し、このままでは大きな災害が起こることが心配され、緊急に整備が必要な状況になっていました。

このため、国営男鹿東部農地防災事業により、新しく造り直されました。南部排水機場の方は平成9年（1997）度に工事に着手し、平成13年（2001）度に完成しました。以前の位置より100m東側に造られました。また、北部排水機場は平成15年（2003）に工事に着手し、平成18年（2006）度に完成しました。以前の位置より150m南側に造られました。

また、三種町浜口地区方向には、「浜口機場」があります。これは、西部承水路が水不足になった時に東部承水路から水を入れる施設です。逆に西部承水路の水がオーバーフローの状態になった時は、東部承水路に排出する役目も持っています。つまり、西部承水路と東部承水路はつながっておらず、独立しているのです。浜口機場は西部承水路の水をコントロールするために造られた揚排水兼用の施設です。

Ｑ．北部・南部の両排水機場をフル回転すると、１秒間に80㎥（ｔ）の排水能力があるとのことですが、大雨になった時は大丈夫ですか。

Ａ．排水能力は、明治36年（１９０３）に五城目で観測された３日連続雨量２２５㎜を最大雨量として計算されたとされます。

令和４年（２０２２）８月、秋田県では記録的な大雨に見舞われ、内川川や三種川が氾濫《はんらん》し、住宅浸水や断水など大きな被害を受けました。県内十大ニュースの上位に選ばれたほどでした。この時は大潟村でも大雨になりましたが、一部畑作に浸水があった程度で大きな被害はありませんでした。このことから考えると、特に心配はないと考えます。

Ｑ．排水機場の構造と機能は理解できました。それでは、ポンプを動かす動力はどのようになっていますか。

Ａ．前に述べたように南部排水機場に５台、北部排水機場に４台の電動モーターが設置されています。いずれも東北電力の電気を使用しています。

Ｑ．夜間の管理はどのようになっていますか。

Ａ．夜間の管理は外部に委託しており、24時間体制で臨んでいます。

Ｑ．南北排水機場合わせて１年間の電気料金はどのぐらいですか。

Ａ．令和３年（２０２１）度は３億４６００万円、令和４年（２０２２）度は４億６０００万円とのことです。国が40％、県が30％補助しているので、農家負担は30％です。大潟土地改良区が県営事業分担金として特別徴収しています。令和４年（２０２２）度のわが家の納付額は22万２７７４円ですので、10ａ当たりにすると１４０８円になります。

ちなみに、令和４年度の土地改良区の経常賦課金は34万９５０９円、国営かんがい排水事業負担金が３万８１３０円なので、県営事業分担金と合わせると、61万４１３円を土地改良区に支払っています。土地改良区では、７月と11月の２期に分けて徴収しています。

Q．田んぼ以外の土地からの徴収はありますか。

A．ハウス団地、園芸団地、宅地など、田んぼ以外からの徴収はありません。大潟村の農地の比率は約68％で、32％は宅地や防災林地などです。農家だけの負担には疑問を感じます。もう少し検討を加えてもよいのではないかと思います。

Q．周辺干拓地にも排水機場が当然あるわけですね。

A．大潟村のような大規模なものではありませんが、周辺干拓地にはそれぞれ排水機場があります。

4、防潮《ぼうちょう》水門の構造と機能

Q．前項では、排水機場について学びましたが、堤防と同様に大潟村の重要な施設であることを知りました。

防潮水門も堤防や排水機場と同じように大切な施設ですね。防潮水門はいつ造られ、その構造はどのようになっていますか。

A. 防潮水門は日本海（船越水道）と八郎湖（調整池）を遮断し、八郎湖の水を農業用水として使用できるように淡水化を図るため造られました。工事に着手したのは、昭和34年（1959）6月で、昭和36年（1961）3月に完成しました。その後、昭和58年（1983）に起きた日本海中部地震などの影響により機能が低下し、このままでは大きな災害が起こることが心配され、緊急に整備が必要な状況になっていました。このため、防潮水門も排水機場と同じように国営男鹿東部農地防災事業により新しく造り直されました。平成13年（2001）度に工事に着手し、平成19年（2007）に完成しました。以前の位置より20m上流（北側）に造られました。

防潮水門、南部排水機場、北部排水機場の三つを合わせた総工事額は約420億円でした。この3施設を合わせて平成19年11月8日に完工式を行いました。

防潮水門の役割は、海水の流入を防ぐとともに、八郎湖の水位を一定に保ち、農業用水を確保する役目を持っています。おおむね海水面よりも＋1.0m〜＋0.5mの範囲で水位が保たれるように管理されています。正確には、5月1日〜8月10日は＋1.0m、8月11日

〜9月10日は＋0・7m、9月11日〜3月31日は＋0・5mという具合になっています。これは田んぼに水を使用する時期は、水位を高めにしているのです。

防潮水門の長さは370m（可動部350m）あり、14のゲート（水門）が設けられています。このうちの一つは必要な船舶が通行できるように水門を高く上げられる構造になっています。両側には、魚が行き来できる魚道が造られています。

海水導入の是非

Q. 昭和62年（1987）9月、防潮水門から海水が流入したことがありました。これによる被害は、大潟村の水道にやや異変を感じた程度で、むしろ平成元年（1989）に八郎湖でシジミが大繁殖するという思わぬ好現象が生まれました。〝災い転じて福となる〟の言葉のような結果でした。この例を基にして、「期間を限って海水の導入を」という声が根強く聞かれますが……

A. 私も海水導入派の1人ですが、現状では無理です。それは「八郎潟防潮水門管理条例」があるからです。条例は一つの法律です。たとえ県知事でも農水大臣であっても法に反することはできないのです。今まで、県議会や国会などで、「防潮水門の弾力的な運用を……」と議員が質問した例がいくつか伝えられていますが、どれも「そのようにします」という答弁は得られませんでした。

Q. それでは条例を改正すればよいわけですね。

A. その通りです。だが、現状では簡単には進まないと思います。ここで少し過去の動きを振り返ってみることにします。

平成16年(2004)に県秋田地域振興局が「環八郎湖流域の未来フォーラム」を開催しました。新聞記事によると、10数回開かれ、その度に海水の導入が出されたが、①干拓完了後40年が経ち、生態系が安定している状態に海水を入れると淡水生物に影響がある。②永続的な漁業を可能にするため、不安定な生態系をつくるべきでない。③最初の10年は土壌の脱塩に費やされた。期間限定で導入しても塩水は真水よりも重いので残留しやすい。④脱塩して農地として安定してきたのに、逆戻りしかねない――などの否定的な意見が出されたことが伝えられています。

また、平成18年(2006)12月に発足した「八郎湖水質保全対策検討委員会」(農業工学、生態学、水環境など各分野の研究者10人で構成)でも、海水導入は〝劇薬〟だけに慎重に検討するべきだと懸念する声が多く出されたようです。

このような状況ですので、県議会議員や国会議員にいくら頼んでも、県も国も首を立てに振ってはくれないのです。

Q. それではどうすれば実現できるのですか?

A．それには海水導入運動を起こすことです。運動が起これば、反対の人たちは黙っていないでしょう。当然、反対の声が出てくるし、あるいは反対運動が起こるかもしれません。その時は、反対派と意見を交換し、海水による影響の是非をよく勉強して合意にこぎつけることです。そうすれば、県も国も条例や管理規則の改正に動いてくれるでしょう。運動を起こしてうねりをつくることからスタートすることです。

Q．あなたは海水導入運動を起こす気持ちがありますか？

A．私は80歳を過ぎた高齢の身です。とてもそのような体力も気力もありません。若い人たちに頑張ってもらいたいと思います。

5、幹線排水路の構造と機能

Q．幹線排水路も堤防、排水機場、防潮水門とともに大潟村の基幹となる大切な施設ですね。幹線排水路は日常目にしているので、外観は良く分かりますが、詳細になると知らないことが多いです。工事が行われた時期や構造などを教えてください。

A．幹線排水路は、中央幹線排水路と1級幹線排水路の2本あります。中央幹線排水路の総延長は15・7㎞あり、南部排水機場に通じています。1級幹線排水路の総延長は6・9㎞で、北部排水機場に通じています。中央幹線排水路の構造は、底幅が30ｍ、上幅が70ｍで、1級幹線排水路は、底幅15ｍ、上幅30ｍです。

掘削工事は、堤防が完成する前の昭和36年（１９６１）から昭和38年（１９６３）にかけて浚渫船で水中掘削しました。掘削した土は周辺に巻き散らしたとされます。『八郎潟新農村建設事業団誌』には、「おおむね８００ｍの範囲にヘドロをまき散らした」とあります。これは大まかな掘削であって、干陸後に仕上げ工事が行われ、昭和50年（１９７５）に完了したとされています。

Q．中央幹線排水路にはボート場があり、色々な大会が行われています。また、１級幹線排水路には水上スキー場があります。このように、農業だけでなくほかの面でも活用されていることは、本当に嬉しいことですね。

A．本当にそうです。大潟村の水は、八郎湖↓田んぼ↓排水路↓八郎湖↓田んぼというように巡回しているので、エメラルドグリーンのような澄んだ水ではありませんが、水田によって浄化された奇麗な水です。色々な面で活用してほしいものです。

６、八郎潟基幹施設管理事務所

Q．大潟村には堤防だけでなく、村を維持していくために重要な基幹施設があることを知りました。この基幹施設の管理・運営は、どこでやっているのですか。

A. 昭和52年（1977）4月1日に、農林省と秋田県の間で管理委託協定が締結され、南部排水機場内に「八郎潟基幹施設管理事務所」が設けられています。この事務所は、秋田県秋田地域振興局が管理しています。農林部と建設部の2部があり、農林部は「防潮水門」「南部排水機場」「北部排水機場」「幹線排水路」を担当、建設部は「堤防」「調整池」「東部承水路」「西部承水路」を担当しています。

Q. 基幹施設はすべて国の所有で、秋田県が管理を委託されているのですか？

A. いやそうではありません。正面堤防、防潮水門、南北排水機場、幹線排水路は国の所有（国有財産）ですが、東部承水路堤防、東部承水路、西部承水路堤防、西部承水路は県の所有です。また、農業用水取入口は国の所有で、大潟土地改良区が管理しています（関連記載115ページ）。

Q. 防潮水門の開閉操作は、南部排水機場で行っていると聞いていますが……

A. 南部排水機場から防潮水門には有線（地下ケーブル）でつながっており、防潮水門の管理を遠隔操作できるようになっています。また、テレビによる監視ができるシステム（テレコンコントロール）も整っています。

これらの機械操作は、民間の専門業者に委託（3人常駐）しています。夜間は当直所員がおり24時間体制で管理を行っています。浜口機場の管理は南部排水機場が担当しています。

Q. 北部排水機場はどのようになっていますか。

A. 北部排水機場の機械操作は南部同様に民間の専門業者が担当し、管理を行っています。常駐者は3人おり、夜間は当直所員が管理しています。方口排水機場は北部排水機場が担当しています。

Q. 東部承水路、調整池、船越水道は、「二級河川馬場目川」となっていると聞いていますが……

A. 河川法ではそうなっているようです。雄物川や米代川は一級河川で国交大臣の管理、二級河川は都道府県知事の管理になるようです。

第5章 ―― 八郎潟新農村建設事業団による村づくり

1、事業団の設立と業務

Q. 昭和32年（1957）度にスタートした干拓工事は、国が直接事業を進めて基幹施設を造り、大潟村発足まで進んできたわけですが、どうして八郎潟新農村建設事業団（以下、事業団と略）を設置しなければならなかったのですか。

A. 昭和32年に干拓工事が着工してから、国営事業（国直轄事業）として行われてきました。そして、堤防、南部排水機場、北部排水機場、防潮水門、幹線排水路などを造ってきました。昭和39年（1964）に大潟村誕生後は、新しい村づくりを一括して実施する機関が必要でした。

話を住宅の建設に例えると分かりやすいと思います。家を新築する場合、コンクリートで基礎を造るのが土木業者の担当で、柱や屋根を造り内部を仕上げるのが大工の担当という感じです。つまり大工さんに相当する仕事が事業団だったわけです。

さて、どのような大工さんがいいのか、色々検討されました。公団方式、事業団方式、秋田県方式、秋田県公団方式、農地開発機械公団に業務委託などの案が出されました。いろいろ検討した結果、事業団方式に決まったとされます。事業団方式の実現のため、小畑知事は県選出国会議員に強力に働き掛けたと、『八郎潟新農村建設事業団誌』に述べられています。

事業団法の設立

Q. 事業団の設立には、新しい法律をつくらなければならなかったわけですね。

A. そうです。事業団設置に関する法案は昭和40年（１９６５）２月23日に国会に提出され、衆参両院で可決されて５月27日に法律第87号として公布されました。そして、８月２日に秋田地方法務局に事業団設立登記を行いました。

このように農政史上画期的な事業主体として、八郎潟新農村建設事業団の発足をみたのでした。当初の事務所は秋田市大町３丁目の山一証券ビル内に置きましたが、12月に畜産会館に移動しました。また発足時の組織は、総務部・経理部・工務部・指導部・東京事務所の４部１事務所14課でした。

こうして生まれた事業団は、昭和51年（１９７６）までの11年余、大潟村の基礎づくりを担ったのです。

事業団の業務

Q. 事業団は具体的にどのような仕事をしたのですか？

A. 事業団の業務は数多くありましたが、大きく分けて、「総合中心地の整備」「農地の整備」「入植者の受け入れ」の三つの役目がありました。順を追って説明していきたいと思います。

2、総合中心地の整備

集落計画

Q. 総合中心地は、なぜ干拓地の西寄りにあるのですか？

A. 総合中心地付近は砂地で地盤が安定しており、建物を建てたときに沈下や傾きの心配がなかったからです。また、水深が最も浅い場所でもありました。

Q. 最初の計画では、集落を分散することが考えられたようですが……

A. 『八郎潟新農村建設事業団史』を見ると、集落計画の移り変わりが掲載されています。それによると、昭和32年（1957）の着工当時は、2・5haの農家を4800戸入植させる計画で、集落構想は街路状集落となっています。街路状とは、地区ごとに道路沿いに家を建てるということではなかったかと思われます。従来の農村の感じですね。

昭和35年（1960）になると、企画研究会の案として総合中心地のほか8集落（1集落300〜600戸）が計画されています。そして昭和40年度（1965）の農林省基本計画では、総合中心地のほか3集落案になります。この年は1次入植者の募集が行われた年です。

この頃まで集落の分散案があったようです。総合中心地１カ所に決まったのは、昭和44年（１９６９）度のようです。

諸施設の建設

Q．事業団が最初に手掛けた仕事は何ですか。

A．昭和40年（１９６５）８月に設立した事業団は、総合中心地の区割り構想を行い、翌年に募集する第１次入植者の受け入れの準備からスタートしました。施設造りとしては、昭和41年（１９６６）11月に訓練生を受け入れる入植訓練所（八郎潟新農村建設事業団入植指導訓練所）を建設すること、同時に訓練所に携わる人たちの住宅を建てることでした。

このためには飲料水の確保が大切であり、手始めの工事は上水道施設を造ることでした。昭和40年（１９６５）度事業では、上水道が唯一のハード事業であり、５８８０万円の予算が計上されています。昭和41年（１９６６）度には２億９７１５万円が加算されて完成しました。

上水道の整備

Q．上水道の水源はどこにしたのですか。

A．水が豊富な大潟村でしたが、飲料水となると簡単ではありませんでした。八郎湖からの取水も案として挙げられたようですが、昭和41年（１９６６）当時は塩分が完全に抜け切っていないため、不安があったとされます。そこで地下水を汲み上げることが考え出され、深井戸方式で行うことになりました。『大潟村史』によると、深さ82～100mの井戸を昭和41～44年度に3カ所、昭和49年（1974）度に2カ所掘削したとなっています。

井戸の場所は、南の池のカーブ付近から200mほど船越よりの県道脇です。昭和57年（1982）に正面堤防からの湧水に水源を求めるようになるまで使用されました。現在は、当時の面影は何も残っていないので、跡地を知っている人がいるうちに、「井戸跡」の標柱を建てる必要があるのではないかと思います。

ただ、浄水場は現在の場所と同じ敷地内にあり、当時の建物が5棟ほど残っています。入植訓練所が解体された今、この建物が村の中では古いものになります。村の歴史の一つとして保存していきたいものです。

昭和41年（1966）度に入ると本格的に公共施設の建設が始まり、入植訓練所と公用公共住宅（勤め人住宅）の工事が行われました。その後の建設状況は次の通りです。

〔昭和41年（1966）度〕
- 入植訓練所　・公用公共住宅

〔昭和42年（1967）度〕
- 役場　・1次入植者住宅　・公用公共住宅

〔昭和43年(1968)度〕
・小学校　・2次入植者住宅　・公用公共住宅　・CE公社1号基
〔昭和44年(1969)度〕
・公民館　・児童館　・3次入植者住宅　・公用公共住宅　・CE公社2号基
〔昭和45年(1970)度〕
・中学校　・診療所　・4次入植者住宅　・公用公共住宅　・CE公社3、4号基
(CE公社:カントリーエレベーター公社の略)

三角屋根住宅の建設

Q. 農家住宅はすべて三角屋根で、同じ規格でしたか。また価格はどのぐらいでしたか。

A. 住宅の構造は、平屋建てと二階建てがありました。玄関の方向、部屋の配置など16のタイプがありましたが、外観はほとんど同じでした。入植者は希望するタイプをそれぞれ選択しました。住宅の位置(場所)は抽選で決まりました。1次入植者の中には平屋建てを選んだ人が何人かいましたが、2次以降はほとんど二階建てになりました。二階建ての場合は、二階部分が未仕上げだったので、入植者が各々造作しました。

住宅の大きさは平屋建てが69㎡(約21坪)、2階建てが97㎡(約29坪)で、構造はコンクリートブロック造りでした。二階建ての住宅は、三角屋根で、地区ごとの赤・黄・青とカラフル

三角屋根の住宅（『大潟村史』より）

な彩りは大潟村のシンボルでした。住宅の価格は私の場合（二階建て）、国の5割補助を除くと自己負担は164万5574円でした。

この三角屋根も年々姿を消して、今ではほとんど見掛けなくなりました。令和4年（2022）、村の中に三角屋根住宅を後世に伝えたいとの声が起こり、検討した結果、東2―1の村営住宅に農家住宅と全く同じ建物があったので、村教育委員会が「国登録有形文化財」に申請しています。令和6年（2024）中には登録が決定するとのことです。

この建物は、昭和44年（1969）に、秋田農業大博覧会（秋田博）大潟村会場となった際、農家住宅の見本として造られた建物で、訪れた人は自由に立ち入って見学できました。

秋田博と自分

Q. あなたは秋田博の時、大潟村会場を訪れましたか。

A. 私ごとになりますが、この年の8月5日、古里の集落で大型バス1台を貸し切り、秋田博を見学しました。私はこの前日の4日、4次入植の最終選考試験の面接を終えたばかりだったので、「オレは必ず合格して、これと同じ三角屋根の家に入るんだ！」と強く思ったものです。私が大潟村に申し込んでいることは、この時一緒に来た人たちは誰も知りませんでした。私だけでなく、郷里・東由利村から応募した2人も他人に知られないように、こっそり試験を受けていたのです。合格してから、世間に知られるところとなり、小さな集落に大きな衝撃が走ったのでした。

Q. あなたは大潟村が誕生した昭和39年（１９６４）当時、入植のことはまったく頭になかったと前のところで述べていますが、心境が変わったのはいつですか。

A. 入植を決意したのは昭和44年（１９６９）3月1日です。私は昭和37年（１９６２）11月、代用教員として郷里・東由利村内にあった法内小学校高村冬季分校（いずれも廃校）に勤めました。そこで出会ったのが工藤賢一さんでした。工藤さんとは同じ境遇で生まれ育ったので「山間の零細農業を続けていてもいずれダメになる。何かほかのことを考えなければ……」と毎晩のように語り合いました。昭和43年（１９６８）の11月、工藤さんは「大潟村に行こう」と言い出したのです。それは工藤さんの集落から1次と3次に入植した方がいたので、この影響を強く受けたからでした。そして、色々語り合って大潟村の入植を決意しました。

幸い2人とも合格して一緒に歩んできましたが、令和3年（2021）3月10日に帰らぬ人となりました。私は弔辞のなかで「私の人生行路を大きく変えてくれた工藤さん、60年間本当にお世話になりました。ありがとうございました」と申し上げました。

価値観の変化

Q. 昭和44年（1969）の受験の際、あなたも郷里から受験した2人も内緒にしていました。合格後に小さな集落に大きな衝撃が走ったと述べていますが、当時の農村はどのような具合でしたか。

A. 私は、昭和39年（1964）に農協の米俵担ぎの作業に出たとき、「大潟村に行こうとでも言ったら、とんでもないカマキャシ者（身代をつぶす人）と軽蔑される時代でした」と述べました。その考え方は昭和44年当時も変わりませんでした。当時の農村は、家族制度が強く残っており、長男が家業を継いで先祖の土地を守っていくことが義務付けられていました。土地を離れようものなら「カマキャシ者」「先祖の罰が当たる」と親や親戚から非難を浴びました。集落の人たちから、「ついにカマキャシたか」と笑い者にされた時代でした。

Q. あなたの両親は反対しませんでしたか。

A. 最初はびっくりして反対しましたが、粘り強く説得して賛成の返事をもらいました。「農協か役場職員に……」とよく口走っていたので、大潟村なら仕方ないだろうと諦めたようです。

今では時効になったので言えますが、同郷から入植した2人の友人はなかなか賛成してもらえず、合意を得るのに3年ほど掛かりました。

「1町歩の小さな百姓よりも、10倍もある大きな農業の方がいいのでは」「今よりも豊かな生活ができるんだよ」と言っても、「大きい小さいの問題でもなければ、生活の豊かさでもない。代々続いた先祖の土地を離れることは許されない」「長年みんなで力を合わせて部落（集落）を維持してきたのに、この伝統を壊すとみんなに申し訳ない」という考え方が根強かったのです。今ではとても考えられないことです。

Q. 本当にこの50年で価値観が大きく変わってしまいましたね。いつ頃から変化したのでしょうか。

A. 30年前の平成6年（1994）、私は『祝沢・分校と部落のあゆみ』を制作しました。その前年と前々年は写真や資料集めのため何度か古里に通いました。その都度「コウノスケは先見の明があったな。私も行けばよかった」とか「部落（集落）からみんな出て行ってしまう。こんな時、部落の歴史を著してくれることは本当に有り難い」と言ってみんな協力してくれました。私が入植した昭和44年（1969）頃とは考え方が変わったことを実感しました。

そして、現在はさらに変わりつつあります。私が子供の頃は28戸あり、150人以上が暮らしていた古里・祝沢は、令和5年（2023）8月時点で6戸・12人だけになってしまいました。私が離れた後、1戸2戸といなくなってしまったのです。昨年まで、1戸が田んぼの耕作を続けていましたが、令和5年は離農してしまいました。古里の集落に入ると、いきなり耕作放棄地が目に飛び込んできます。古里でのわが家は1・5haの中堅農家でした。大潟村に入植するとき、田んぼを譲ってくれと5戸の農家が押し寄せました。54年の歳月は、こんなにも変えてしまうものだと思うと涙が止まりません。

宅地の面積と価格

Q． 宅地の面積はどのぐらいですか。また、価格はいくらでしたか。

A． 1次入植者と2次入植者の場合は約500㎡（約151坪）の配分でしたが、もっと広くしてほしいとの要望が叶い、3次入植以降は約700㎡（約212坪）になりました。譲渡価格は私の場合、国の5割補助を除くと自己負担は27万6523円でした（個人ごとに若干の差があります）。

小学校の建設

Q． 大潟小学校の建築は、昭和43年（1968）11月1日の開校となっています。1次入植者の早い人たちは昭和42年11月に入村したと思いますが、1年間はどのようにしたのですか？

A． 入植者の子供たちは1年間、隣村の野石小学校と潟西中学校に通いました。野石小学校は児童数の減少により平成27年（2015）に閉校しました。また、潟西中学校は令和5年

（2023）3月に閉校し、船越にある男鹿東中学校に通うようになりました。

私は、『大潟村史』(平成26年発行)制作の際、当時の大潟村の子供たちについて調べるため、潟西中学校を訪れ、「沿革誌」を見せてもらったことがあります。昭和43年（1968）10月20日の記録に、「大潟村の生徒たちとの送別会を行う」と記載されていました。

ここで、1次入植者の入植20周年記念誌『風雪二十年』に、山本宏さんが寄せた文章の一部を紹介します（意訳）。

……父の入植に伴って大潟村に移り住んだのは、昭和42年（1967）11月3日、中学1年の時です。弟は野石小学校、私は潟西中学校に通学することになりました。晴れた日は自転車で、雨の日は親たちが交替で送ってくれました。次第に子供たちの人数が増え、たしか12月10日だったと思うが、待望のスクールバスでの通学が始まりました。（中略）……4月になり進級すると、村の仲間のほとんどがクラブ活動に励み、朝の通学はみんなで競争しながら自転車のペダルを踏みました。悪天候の日はスクールバスを利用し、帰りはクラブ活動を終えるとバスに間に合わないので、運行が始まった定期バスを利用したり、歩いたりして帰宅しました。野石を過ぎるとほとんどの人が車を停めて乗せてくれました。

（略）

この文章から当時の状況がよく伝わってきます。小学校の校舎が建設されたのは、昭和43年（1968）ですが、最初の2年間は小学校と中学校が併設していました。小中一緒なので、正しくは大潟小中学校と言っていました。

前述したように私は昭和44年（1969）11月、27歳の時に入植訓練所に入所しました。11月後半のある日、大潟小中学校開校1周年記念文化祭が行われました。子供たちの発表会があるということなので、私は見に行きました。元気よく発表する姿はとてもはつらつとしており、今も印象に残っています。

あれから54年の時が流れ、当時中学2年生だった山本宏さんは69歳、私は81歳になってしまいました。世の中が大きく変わってしまったと感慨にふけっています。

Q．野石小学校も、潟西中学校も目と鼻の先にあります。今度はこの地区の人たちが大潟村の学校に通ったらいいのではと思いますが……

A．まったくそう思います。希望する人は大潟村に通えるようにできないものかと思いますね。

このことでとても明るい話題があります。実は平成29年（2017）度から令和4年（2022）度までの6年間、男鹿市若美地区から大潟中学校に通学した子どもが男女1人ずつ計2人いるのです。男鹿市教育委員会から大潟中学校への入学を希望している生徒がいるので、引き受けてほしいとの話があり、大潟村教育委員会で検討し受け入れることにしたのです。２人とも卒業したため、今年度（令和５年度）はいなくなりましたが、このような輪が広がってほしいものですね。

３、農地の整備

Q. 事業団の仕事は、前項の総合中心地の整備とともに入植に向けての農地の整備が重要な仕事だったと思いますが、営農の基本方針はどのようなものでしたか。

A. 昭和40年（１９６５）に国から示された「八郎潟新農村建設事業基本計画」の概略は次のようなものでした。

⑴　営農形態は、当面水稲単作とし、機械化直播方式を主体とするが、田植機の開発に応じて、機械移植方式についても考えることとし、さらに、将来における酪農等の導入についても今後研究を進める。

⑵　農地の配分は、個人配分とし、５ha、７・５ha、10haのうち、いずれかを入植者に任意に選択させる。

⑶　営農組織については、60haを単位として、大型機械の使用を中心とする協業経営を基本とするが、このほか入植者の意志を尊重して、部分的な協業組織や農業生産法人等による協業経営も差し支えないものとする。

(4) 入植者の指導として、入植後の営農の安定に資するため、入植に先立つ1年間、機械技術、直播技術等について、入植者の指導訓練を行うものとする。

Q. これを基に事業団は農地を整備していくわけですが、圃場の基本単位（協業グループ）が60 haとは具体的にどのようなものですか。

A. 標準圃場の場合、長辺1０００m、短辺６００mが一区画になっています。したがって、面積は長辺×短辺で60 haになります。これは、大型農業機械の作業の効率や農道・小排水路の維持管理など種々の面から検討された結果とされます。

私は4次入植者として昭和45年（１９７０）に入植しました。6人の協業グループで、グループ名を「由利農場」とし営農を開始しました。大潟村には１００ほどの営農グループがあり、「みかご農場」や「富士農場」などとそれぞれ愛称が付けられています。中には時代を反映した「アポロ農場」、八郎潟の歴史を感じさせる「うたせ農場」などがあります。現在は協業グループとしての機能は消えてしまいましたが、営農グループ名は今もよく使用されています。

私の由利農場はごく標準的な圃場区画だったので、これを基に説明していきたいと思います。圃場図（概念図）を図2に掲載します。

Q. 図を見ると60 haの区画内に48枚の田んぼがあるので、1枚の大きさは1・25 haということですね。

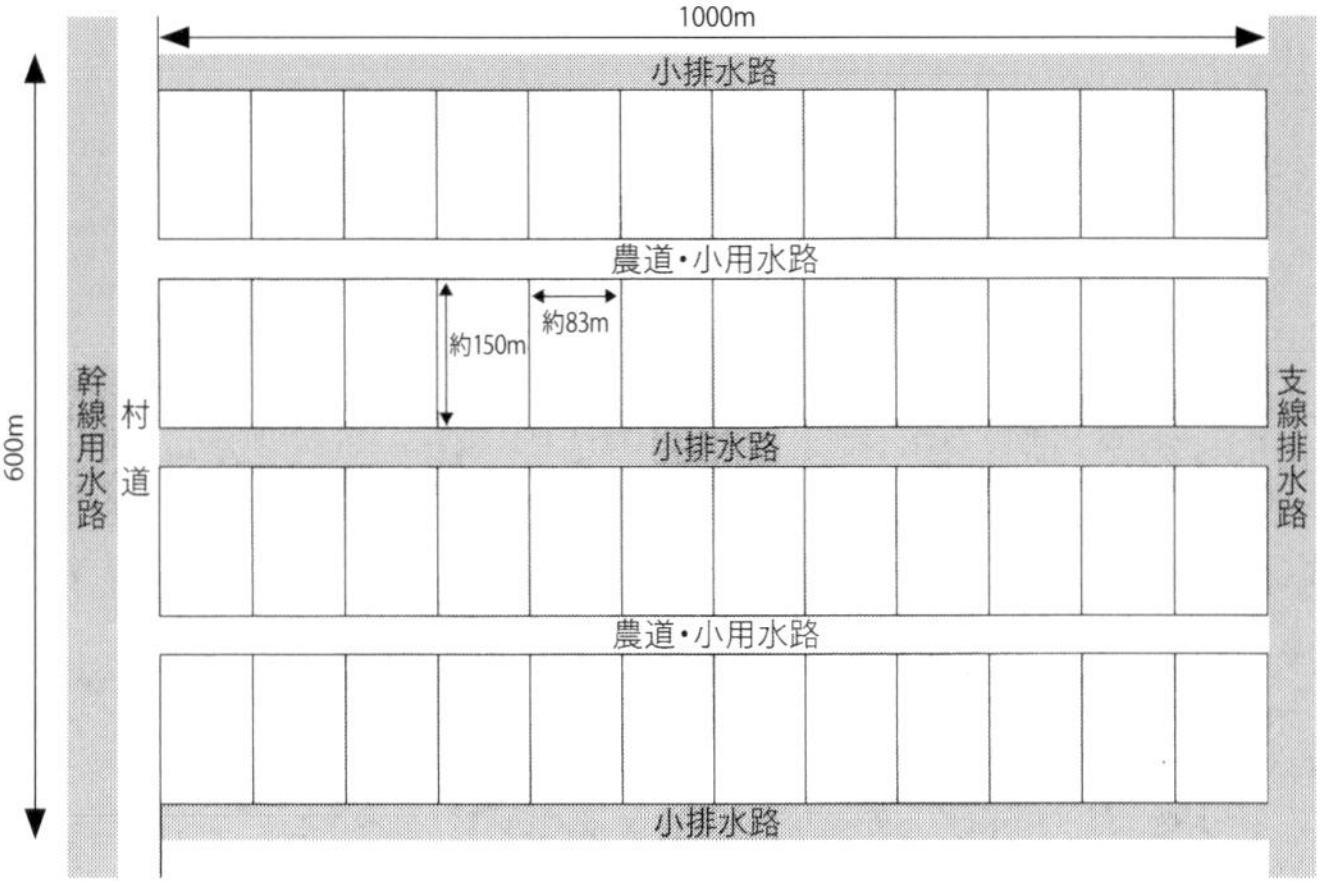

〔図２〕標準圃場図（『大潟村史』より）

A. そうです。１人当たりの面積は10 haですので、１枚約１・25 haの田んぼを８枚配分されたのです。その後、昭和49年（１９７４）に５ haが追加配分され、平成２年（１９９０）には交換分合（土地改良事業交換分合）があり、現在は所有者の位置が大きく変わってしまいましたが、田んぼの基本形式は変わりません。

Q. １枚の田んぼの幅と長さはどのぐらいですか。

A. 幅は、１０００ｍ÷12枚ですので約83ｍです。長さは、６００ｍ÷４枚ですので約１５０ｍです。由利農場の場合は、幅はほぼ同じですが、長さは１５２〜１５５ｍほどで田んぼによって違っています。由利農場内でもこのようですから、１００の営農グループはみんな多少の違いがあります。

Q. どうして違いがあるのですか？

A. 八郎潟の水を排水して干陸するには、排水路を造って水の流れを良くしなければなりません。このため、干陸前に水面上で測量して幹線排水路や支線排水路を掘削しました。したがって、誤差が生じたようです。支線排水路を基本にして圃場の造成をやらなければならなかったので、圃場の区画に面積の違いや長さの違いが出たのです。

このようなことから10ha配分と言っても、多い人は10・8haもあり、少ない人は9・2haしかなかったのです。あまりにも違いが大き過ぎるということで、昭和49年（1974）の追加配分の際、面積の格差が是正され、大きな違いがなくなりました（108ページ参照）。

Q．面積の違いが出ることを承知の上で、事業団は60haの区画を基にして、用水路・農道・排水路などを整備していかなければならなかったわけですね。

A．そうです。用水路には幹線用水路（幹用）と小用水路（小用）があります。道路には幹用の脇を走る村道と圃場内の農道（土地改良区の管理）があります。排水路には支線排水路（支排）と小排水路（小排）があります。これらを整えて入植の準備をしたのです。

Q．現在は、1枚1・25haの田んぼから1枚2・5haの区画にしている人が多いようですが……

A．そうですね。畦畔を取り除いて2・5haに広げている人が半数ほどいるようです。1枚の区画が広いと、作業の効率が良いことは確かです。わが家の場合は、従来のままです。隣の田んぼとの高低差があり、できないのです。

4、入植の開始

入植計画の推移

Q. 圃場の整備が整い、いよいよ1次入植の開始となるわけですが、当初の計画が何度も練り直されてきたと聞いています。その移り変わりを教えてください。

A. 入植の計画が時とともに変更してきたのはその通りです。『八郎潟新農村建設事業団史』から拾ってみると次のようになります。

年度別計画案	経営面積と入植戸数
昭和32年（1957）度計画案	2・5haで4800戸入植
〃　35年（1960）度計画案	2・5〜5haで4800〜2400戸入植
〃　36年（1961）度計画案	5haで2400戸入植
〃　40年（1965）度基本計画	5ha、7・5ha、10haで1300戸入植
〃　48年（1973）度基本計画	15haで580戸入植

入植の条件

Q. 幾多の動きがあり、いよいよ第1次入植者の募集が行われるわけですね。募集要件はどのようなものでしたか。

A. 募集に当たって、事業団から「八郎潟中央干拓地入植のしおり」のパンフレットが出されました。これによると、次のような条件が求められました。

(1) 新農村建設事業の意義を十分理解し、模範的な農業経営の確立に意欲を燃やしている者であること。

(2) 1年間の訓練により、機械による直播等、新しい農業経営に必要な知識・技能を習得する能力があること。

(3) 年齢は、入植時に20歳以上40歳未満(とくに身体強健で営農経験の十分な者の場合は45歳未満)で、機械使用を中心とする強度の労働に耐えられる体力があること。

(4) 労働力が成年男女2人以上に相当する者であること。ただし、これに達することが確実に見込まれること。

(5) 入植後の営農について、事業団等の指導のもとに互いに協力し、とくに水利用、作付けの協定、機械の共同利用等について十分に協調できること。

(6) 携行資金として、訓練期間及び入植初年目の生活費、営農資材の購入、賃料の支払に必要な資金を携行できること。

(7) 今まで所有していた耕地を所有地の農業構造改善に役立つよう処分すること。

入植年次別内訳

Q. 昭和41年(1966)いよいよ第1次入植者の募集が行われたわけですが、この時の状況を教えてください。また、第2次入植以降についても知りたいです。

A. ① 1次入植の場合は、大規模な農業経営が全国的に関心が高かったようで、58人の定員に対して615人の応募があり、約11倍の競争率でした。昭和41年10月に合格者が発表され、11月10日に入植訓練所に入所、翌42年10月27日に訓練所を終了。終了と同時に農地の配分通知書が渡され、正式に入植者になりました(訓練中の身分は入植予定者でした)。訓練中に2人が辞退したので、入植したのは56人でした。早い人は翌日から三角屋根のマイホームに入居しました。

② 2次入植の場合は、昭和42年(1967)に募集が行われ、86人の定員に対して281人が申し込み、2・3倍の倍率でした。11月14日に入植訓練所に入所、翌43年10月29日に訓練所を終了し、正式に入植しました。

③ 3次入植の場合は、昭和43年(1968)に募集が行われ、182人の定員に対して309人が申し込み、1・8倍の倍率でした。11月15日に入植訓練所に入所、翌44年10

月31日に訓練所を終了。途中7人が辞退したので、入植したのは175人でした。

④　4次入植の場合は、昭和44年（1969）に募集が行われ、150人の定員に対して389人が申し込み、2・7倍の倍率でした。11月15日に入植訓練所に入所、翌45年10月30日に訓練所を終了。途中7人の辞退があり、入植したのは143人でした。

⑤　5次入植の場合は、昭和48年（1973）に募集が行われ、120人の定員に対して869人の申し込みがあり、7・2倍の倍率で1次に次ぐ高い競争率でした。最後の入植ということで関心が集まったものと思います。合格発表は昭和49年3月に行われ、4月4日に入植訓練所に入所、10月30日に訓練所を終了。120人が入植しました。1〜4次と違い7カ月の訓練でした。

選考試験

Q. 選考試験はどのようにして行われましたか。

A. 私の場合は、昭和44年（1969）5月、東由利村役場（現由利本荘市）から、「入植希望者は役場に申し込むように」とのチラシが全戸に配布されました。私は、6月中に「八郎潟中央干拓予定地配分申込書」の書類を村役場に提出しました。申込書は役場が秋田県に提出、そして東北農政局へと届けられたようです。農政局ではこれを審査して、適正と認めた者は第二次審査へと進み、7月22日に筆記試験が行われました。筆記試験の内容は、一般常識と作文でした。これに合格すると8月4日に面接試験がありました。試験会場は筆記試験、面接試験とも秋田県庁でした。10月7日に東北農政局から合格者が発表されました。

Q. 「お金がある人でなければ申し込むことができなかった」とか「受験したが、お金がなかったので選考の段階で不合格になった」と話す人がおりますが、それは違うようですね。

A. はい、その通りです。申込書には多くの添付書類がありました。当然、携行資金の状況を書く用紙もあり、そこに、初年目の収穫まで困らないようにお金を準備する旨を書けばよかったです。携行資金の目安は、2人家族で140万円でした。私の場合は、親も一緒に入植するので、合格後に親が所有している田んぼを売却すると書いたと記憶しています。

また、昭和41年（1966）9月に、県農協連大潟村総合事務所（大潟村農協の前身）が入植訓練所の一室に開設して、営農資金や携行資金の貸し出しを行っており、利用者の勧誘を行っていました。これを利用すると書いた人も中にはいたようです。

Q. 入植者の中には独身者が多かったようですが、⑷の労働力の事項はどのようにされましたか。

A. はい、独身者が相当数いました。これも労働力の状況を書く用紙があり、婚約相手がいるとか営農開始までに結婚するという具合に記入すればよかったです。こう言う私も独身でしたので、担当職員が念のため「婚約証明書」を作った方がよいと言うので2人で相談して偽の婚約証明書を作って提出しました。今では時効になった笑い話です。

添付書類の作成に当たっては、担当職員が親身になって世話してくれました。学科試験で不合格になるのは本人の責任だが、書類選考でパスできないのは役場職員のミスだからと言って真剣に協力してくれました。

合格の知らせは、10月8日に担当職員が電話で速報を伝えてくれました。農政局から正式に文書（10月7日付）が届いたのは9日でした。「あなたを八郎潟中央干拓地入植適格者として内定した……」という内容でした（4ページ参照）。

Q. この時の職員とは今も交流がありますか。

A. この時の担当職員は、経済課の小野長松さんという方で、私より4、5歳下でした。彼は在職中に若くしてお亡くなりになりました。入植してから、「あの節は大変お世話になりました」と一言も言わないでしまったことが、本当に申し訳なく思っています。存命していたらお会いして「偽婚約証明書」などの昔話をしたかったと振り返っています。

方上地区入植

Q. 5次入植の後に県単事業による方上地区の入植がありましたが……

A. 方上地区入植は、通称玉川入植と呼んでいます。これは事業団が解散した後に県が単独で行った事業で、県単入植として区別しています。国営玉川ダム建設のため移転する人たちの中に9戸が大潟村の入植を希望したため実施されたものです。

訓練内容も5次入植までとは少し違っていました。昭和53年（1978）12月に大潟村に各々が建築した住宅に9家族が入居し、住民登録を済ませました。翌年2月から経営主が1年間訓練を受けたのです。指導するスタッフは県農業試験場大潟支場や県立農業短大の教官たちであり、自宅から通っての訓練でした。昭和55年（1980）2月14日に終了式が行われ、直ちに営農が開始しました。昭和56年（1981）までは10ha、翌57年から既入植者同様15ha経営になりました。

県単入植は35戸が予定されていましたが、生産調整政策の関係から取りやめとなり、その場所には畜産施設が入りました。この畜産施設は平成14年（2002）に撤退しました。

入植者の年齢

Q. 各年次の入植時の平均年齢は何歳でしたか。また、年長者と年少者はどのような具合でしたか。

A. 最年長者は、1次・2次・3次が46歳、4次が44歳、5次が45歳、方上が53歳でした。最年少者は、1次が20歳、2次が21歳、3次・4次が20歳、5次が21歳、方上が23歳でした。
したがって、平均年齢は30代前半でした。私は27歳だったので、平均よりも4、5歳若かったです。このように若かった入植者も50年を超える年月が流れ、令和5年（2023）7月

1日現在で287人の方が亡くなられました。令和6年（2024）の村創立60周年を前に、半数に近い入植者が欠けてしまい、時の流れを痛感しています。

Q. 公務員や会社員だった人が入植していますか。

A. けっこういます。県庁職員、役場職員、農協職員、営農指導員、銀行員、会社員などです。5次入植者の中には入植訓練所の教官や職員だった人たちが10人ほど入っています。

都道府県別入植者数

Q. 入植者は全国から来ていますが、都道府県別の入植者を教えてください。

A. 大潟村には、全国38の都道府県から589人が入植しています。そのうち最も多いのは秋田県で、323人です。一覧表にすると表5のようになります。

〔表5〕都道府県別入植者数

都道府県	人	都道府県	人	都道府県	人	都道府県	人
秋田県	323	千葉県	1	愛知県	5	高知県	3
北海道	83	埼玉県	1	滋賀県	4	徳島県	3
青森県	17	東京都	3	三重県	8	福岡県	2
山形県	11	新潟県	22	奈良県	1	佐賀県	12
岩手県	14	富山県	4	兵庫県	4	熊本県	3
宮城県	10	石川県	3	鳥取県	1	長崎県	1
福島県	3	福井県	3	島根県	1	鹿児島県	3
栃木県	6	長野県	4	岡山県	13	沖縄県	1
茨城県	4	静岡県	2	愛媛県	2		
群馬県	2	岐阜県	2	香川県	1		

（出典：「大潟村農業の紹介」）

なお、入植者がいない県は、神奈川県、山梨県、京都府、大阪府、和歌山県、広島県、宮崎県、大分県の8県です。

市町村別入植者数

Q. 秋田県内323人の入植者の出身地はどのようになっていますか。

A. 秋田県では、平成の大合併（平成16～18年）がありましたが、合併前の旧市町村名でいうと52市町村から入植しています。旧町村名で一覧表にすると次のようになります。

〔表6〕秋田県町村別入植者数

旧市町村	人	旧市町村	人
鹿角市	5	岩城町	8
小坂町	2	由利町	4
田代町	2	矢島町	7
比内町	1	鳥海町	16
鷹巣町	3	大内町	3
森吉町	4	東由利町	7
合川町	1	仁賀保町	2
上小阿仁村	2	大曲市	1
能代市	8	協和町	3
二ツ井町	3	西仙北町	1
峰浜村	2	中仙町	5
藤里町	1	仙北町	3
八竜町	22	千畑村	2
山本町	7	太田町	1
琴丘町	18	角館町	4
男鹿市	9	田沢湖町	11
若美町	32	南外村	1
昭和町	7	雄物川町	10
井川町	21	平鹿町	2
五城目町	21	増田町	1
八郎潟町	17	山内村	1
天王町	9	十文字町	1
飯田川町	6	大雄村	1
秋田市	6	雄勝町	1
雄和町	2	皆瀬村	6
本荘市	7	羽後町	2

（参考：『大潟村史』）

なお、入植者がいない市町村は、大館市、阿仁町、八森町、河辺町、西目町、金浦町、象潟町、神岡町、六郷町、仙南村、西木村、横手市、大森町、湯沢市、稲川町、東成瀬村の16市町村です。

5、商店入植

Q. 農家の入植だけでなく、商店の入植も行われましたが、それはいつですか。また、今の商店街が出来たのは何年ですか。

A. 初期の商店は8店舗でした。昭和49年（1974）5月11日に、総合食品店、精肉店、鮮魚店、日用雑貨店、飲食店の5店舗、翌50年には理容店、美容院、衣料店の3店舗が加わりました。当初の商店街は南北に長い二階建ての長屋形式の建物で、これを仕切って8店舗が入っていました。上が住居、下が店舗でした。狭くて窮屈なうえ、営業して数年の間に2回も大雨による浸水がありました。

このため、宮田村長時代に商店街再編・再開発計画が行われ、現在の商店街が昭和63年（1988）12月に完成しました。郵便局と整骨院が新しく加わり、10店舗になりました。1店舗当たりの土地面積は425㎡、約120万円の価格で分譲され、店主各自が建物を建設しました。

また、各店舗の前には、長さ150m・幅3mのアーケードを設け、さらにその前は「買い物広場」として整備されました。この商店街が出来てから、買い物広場で村の盆踊りが毎年開催されています。

現在は、入れ替わりがあり、経営者が変わっているところもあります。

6、部分竣工

部分竣工とは

Q. 部分竣工とはどのようなことですか。なぜやらなければならなかったのですか?

A. 昭和44年(1969)暮れ、農林省(現農水省)は減反政策を実施することを発表し、「新規開田抑制策」を打ち出しました。この時、4次入植者は訓練中でした。新規開田抑制策の関係から、12月に出された大蔵省(現財務省)の予算原案には、4次入植者の圃場造成費が計上されていませんでした。このままでは4次入植は宙に浮いてしまうわけで、復活折衝の結果、なんとか予算が付きましたが、5次入植は中止になりました。

まだ道半ばでしたが、いつ再開されるか見通しが立たなかったので、国はそれまで配分した約半分の農地を「部分竣工」という形で、昭和48年(1973)3月31日に区切りを付けて会計処理したのです。会計処理を急いだ理由は、入植者から早く償還金を徴収したいということ、期間が長引くと金利がかさみ償還額が高くなるという両面を合わせ持っていました。

この部分竣工まで出来上がった農地を第1工区といい、この区域の配分地を1次配分地と呼びます。

入植再開と追加配分

Q. 昭和49年（1974）に入植が再開され、5次入植者は15ha経営になりました。この時の事情を教えてください。

A. 入植の計画が何度か変更されたことは、97ページで述べたとおりです。5次入植者が15haになったことにより、1次から4次までの入植者には5haの追加配分が行われ、5次の人たちと面積が同じになりました。この追加配分は、規模拡大につながったことはもちろんですが、それまで問題になっていた面積の格差是正が行われたという面がありました。96ページで述べたように、面積の多い人は10・8ha、少ない人は9・2haで、1・6haの差があったので、これが是正されたのです。この時点で15haを割る人はいなくなりました。

追加配分の翌年、青刈り騒動が起こるとは、この時点では誰も想像していなかったことでした。

Q. 4次入植者までは、5ha、7・5ha、10haの三つから選択する方法でしたが、10ha以外の面積で入植した人がいましたか。

A. ５haの人はいませんでしたが、７・５haの人が１次に２人、２次に２人、合わせて４人いました。この方には、追加配分の際、７・５haが配分されて全員が同じ面積になりました。
この農地は、部分竣工の後に造成された土地なので、第２工区といい、この区域の配分地を２次配分地と呼びます。１次配分地と２次配分地には大きな違いがありました。それは価格が違っていたことです。

Q. どうして１次配分地と２次配分地に価格の差があったのですか？

A. その理由は、物価の上昇により工事費が高くなったからです。昭和30年代後半から始まった高度経済成長は、年々物価の上昇を招きました。特に昭和48年（１９７３）に起こったオイルショックは物価を大きく押し上げました。これが諸に影響し、工事代が高くなったのです。
このことはとてもややこしく、今では入植者でさえうろ覚えになっている感じです。今は第１工区、第２工区、１次配分地、２次配分地などという言葉は使用されておらず、死語となってしまいました。

田んぼの価格と支払方法

Q. それでは田んぼの価格を具体的に教えてください。

A. 田んぼの価格の算定は、工事の総額を面積で割った額でした。これも複雑になりますが、「負担金」と「賦課金」に分かれていました。負担金は国営事業で行われた工事代、賦課金は事業団が行った工事代でした。負担金と賦課金を合算すると、10ａ当たりの価格は次のようでした。どちらも5割の国の補助があったので、入植者負担は5割でした。

1次入植者	20万2494円（1次配分地）
2次～4次入植者	22万3502円（1次配分地）
5次入植者	32万　464円（2次配分地）

表を見ればわかるように、1次配分地と2次配分地には10ａ当たり10万円ほどの違いがありました。ちなみに、方上入植の土地代は10ａ当たり47万5000円で、2次配分地よりも15万円ほど高かったようです。

Q. 1次配分地と2次配分地に違いがあることは分かりましたが、同じ1次配分地であるのに、1次入植者と2次以降の入植者に価格差があるのはなぜですか？

A. このことについてはよく分かりません。資料を探しても今のところ、これに関する物は見つかりません。年次ごとに会計処理するという規定でもあったのでしょうか。4次入植者が訓練所を終えた冬のある日、ある方が「4次入植者の田んぼが、1次入植者より高くなっているので、引き下げる要望をやろう」と集会を開いたことを記憶していますが、その時の説明はすっかり忘れてしまいました。

Q. 田んぼの償還期間は何年でしたか。また、いつ終わりましたか？

A. 元利均等25年支払いでした。負担金の金利は6・0％、賦課金の金利は6・48％でした。第1工区は平成10年（1998）3月31日に、第2工区は平成14年（2002）3月31日に支払いを終えました。

Q. 償還金の支払いはどのようにして行いましたか？

A. 償還金は3月31日まで国庫に納めることになっていましたが、大潟土地改良区が集金の業務を代行していました。3月27日まで土地改良区に納付し、それを秋田県に届け、県が国に納めるシステムでした。私の場合は、農協の口座から自動的に土地改良区に振り替えられる方法をとっていました。私だけでなく多くの人がこの方法だったと思います。農協では米代金が入る11月になると、3カ月間の償還定期を組むようにと奨励金を付けて勧誘していました。

4次入植者（私個人のもの）と5次入植者（標準農家）の償還表は次の通りです。

〔表７〕 ４次入植者償還金支払表

支払年月日		第1工区		第2工区		支払額計
		負担金	賦課金	負担金	賦課金	
1	昭和49 (1974).3.31	891685	563499	*	*	1454584
2	50 (1975).3.31	〃	〃	*	*	1454584
3	51 (1976).3.31	〃	〃	*	*	1454584
4	52 (1977).3.31	1233345	752584	*	*	1985929
5	53 (1978).3.31	〃	〃	580691	398395	2965015
6	54 (1979).3.31	〃	〃	〃	〃	2965015
7	55 (1980).3.31	〃	〃	〃	〃	2965015
8	56 (1981).3.31	〃	〃	803730	531343	3321002
9	57 (1982).3.31	〃	〃	〃	〃	3321002
24	平成９ (1997) .3.31	〃	〃	〃	〃	3321002
25	10 (1998).3.31	1233345	752586	〃	〃	3321002
26	11 (1999).3.31	*	*	〃	〃	1335073
27	12 (2000).3.31	*	*	〃	〃	1335073
28	13 (2001).3.31	*	*	〃	〃	1335073
29	14 (2002).3.31	*	*	803730	531343	1335073
合　計		29806845	18247345	19424133	12884731	80363054

〔表８〕 ５次入植者償還金支払表

支払年月日		負担金	賦課金	支払額計
1	昭和53 (1978).3.31	1812178	1243968	3057146
2	54 (1979).3.31	〃	〃	3057146
3	55 (1980).3.31	〃	〃	3057146
4	56 (1981).3.31	2507605	1659091	4166696
5	57 (1982).3.31	〃	〃	4166696
12	平成元 (1989) .3.31	〃	〃	4166696
24	13 (2001).3.31	〃	〃	4166696
25	14 (2002).3.31	2507605	1659091	4166696
合　計		60603844	40231906	100835750

7、事業団事業の完了と施設の譲渡

完工式

Q. 事業団事業が完了（全面竣工）したのはいつですか。

A. 事業団は昭和40年（1965）5月に「八郎潟新農村建設事業団」として設立され、総合中心地の整備、公共公用施設の建設、農地の整備、入植者の受け入れと多くの業務を行い、昭和52年（1977）3月31日に工事を完了しました。これを全面竣工と呼びます。

これに先立ち、昭和51年（1976）10月27日に「八郎潟新農村建設事業完工式」が行われました。

Q. 完工式はどこで行われ、どのような内容でしたか。

A. 式典会場は県立農業短大の体育館でした。この時は、村民体育館がまだ建設されていませんでした（村民体育館の竣工は昭和54年3月）。式典は国営干拓事業の完工も兼ねて行われました（27ページ写真）。参列者は、小畑勇二郎秋田県知事、三善信二農林事務次官、県出身国会議員、全県市町村長、村民代表など550人を超えたとされます。

式典に先立って10月22日には、南の池公園（現南の池入植記念公園）の記念碑「洋々たり新天地」（216ページに掲載）の除幕式が行われました。

式典が終った午後、小畑知事と和田理事長は、干拓記念碑のそばに黒松7本、入植者の代表は南の池公園（現南の池入植記念公園）周辺に桜27本を記念植樹しました。

Q．あなたはこの完工式に出席されましたか。

A．この時、私はまだ34歳の若造で、何の役職にも就いていなかったので案内を受けませんでした。前年は青刈り騒動があり、心が落ち着かない状態だったので、完工式には全く関心がなく、恥ずかしいことですが記憶に残っていません。今、村の歩みを振り返ってみて、村にとって大きな折り目の式典だったと改めて感じています。

『大潟村史』に各氏の式辞や祝辞の要旨が掲載されているので紹介します。

和田正明事業団理事長

「……船の建造に例えれば、国営事業は船体造り、事業団事業はエンジンや機械などの設備を取り付ける艤装《ぎそう》工事。この工事が終わったことで大潟丸（大潟村）は、これから航海に出る。航海日誌を記すのはみなさんだ」。

小畑勇二郎秋田県知事

「……干拓の恩恵は、中央干拓地の入植農家だけでなく、湖岸周辺の農地を県内最高のものにした。……大潟村は9月5日の設置選挙で独り立ちしたが、真の村づくりはこれからだ。村民には自らのことは自らの力で行う自治意識を確立してほしい」。

嶋貫隆之助大潟村長

「……設置選挙を終え、住民の手による村づくりをすることになり、身の引き締まる思いをしているが、今日植えられた記念樹がたくましく生長していくのに負けぬよう村づくりを進めたい」。

今これを読んで、3氏が八郎潟干拓にいかに情熱を注がれたかが伝わってきます。3氏とも今はこの世におりません。「本当にご苦労様でした」と心からお礼申し上げたい心境です。

施設の譲渡・移管

Q. 事業団事業が完了したことにより、施設の譲渡・移管が行われたと思いますが、その主なものを教えてください。

A. ここで最も知りたいことは、堤防・排水機場などの基幹施設や道路がどのようになったかだと思いますので、これらを中心に表9にしてみます。

〔表9〕主な施設の譲渡・移管先

施設名	譲渡・移管先
正面堤防	国の所有(国有財産)とし、秋田県に管理を委託する

東部承水路堤防	県の所有とし、秋田県が管理する
西部承水路堤防	〃
調整池	〃
東部承水路	〃
西部承水路	〃
防潮水門	国の所有（国有財産）とし、秋田県に管理を委託する
幹線排水路	〃
南部・北部排水機場	〃
農業用水取入口	国の所有とし、大潟土地改良区に管理を委託する
幹線用水路	大潟土地改良区に移管
幹線道路	男鹿～八竜線は秋田県に帰属（現県道42号線） 道村～大川線は秋田県に帰属（現県道２９８号線） 男鹿～琴丘線は秋田県に帰属（現県道54号線）
防風林	大潟村に無償譲渡
県立農業短大	秋田県に譲渡

警察官派出所	〃

基幹施設については、国と秋田県との間で管理委託協定が締結され、施設を管理するために南部排水機場内に「八郎潟基幹施設管理事務所」が設けられ、秋田地域振興局が担当しています（78ページ参照）。

Q. ここでちょっと疑問があります。第2工区に5次入植者を入れるとともに既入植者に追加配分しても、かなり残地があったように思いますが……

A. その通りです。かなりの空き地がありました。この土地は秋田県が所有しました。県有地は、後に方上入植（県単入植）や県畜産公社用の土地として使用されました。県有地は現在も少し残っており、個人への売却が進められているようです。

こうして八郎潟干拓事業の完工へと漕《こ》ぎつけたのです。昭和41年（１９６６）に第１次入植者が足を踏み入れて以来、時代の大きな変化に翻弄《ほんろう》されながらの歩みでした。

地名地番の設定

Q. 地名地番の表示もこの時行われ、大潟村官有地ではなくなったわけですね。

A. そうです。昭和51年（１９７６）11月に案がまとまり、翌52年（１９７７）４月１日に地名地番が設定されました。総合中心地は、それまで通称名で呼ばれていたものが、ほとんど取り入れられました。農地の方は、方口（B・C地区）、中野（A地区）、東野（D・E地区）、西野（H地区）、方上（F・G地区）、大潟（野石寄り、南の池の南方向）の名前が新しく付けられました。

これにより、総合中心地の地名は大潟村字西1丁目1番地××に、田んぼは大潟村字中野10番地××というようになりました。一般市町村と違って大字がないことが大潟村の特徴になっています。

Q．現在、大潟村には官有地がありますか？

A．表9（115ページ）で述べたように、正面堤防、防潮水門、幹線排水路、南北排水機場、農業用水取入口が国の所有になっています。

干拓事業の総額

Q．昭和32年（1957）に着工した干拓事業は、昭和51年（1976）度に完工しました。足掛け20年に及ぶ大事業でした。これに要した工事額はどの位でしたか。

A．国営事業の総額は543億円、事業団事業の総額は309億円、全体で852億円の超大型の農地開発事業でした。今の金額に算定すると、どのぐらいになるのか分かりませんが、10倍近いかもしれませんね。

八郎潟干拓が行われた時期は、終戦後の食糧難の時代から高度成長の豊かな時代でした。

この間世の中が大きく変わり、スタート時、「２・５ha・４８００戸入植」の計画は、度々練り直されました。また入植中断もありました。このような巨大開発事業は、社会の変化を十分に考慮しなければならないことだと、この項を書きながら感じています。

8、設置選挙

設置選挙とは

Q. 事業団の解散によって、ようやく自治権が確立され、設置選挙が行われることになったわけですね。

A. 大潟村が誕生したのは、冒頭に述べたとおり昭和39年（１９６４）10月１日ですから、12年目で一人前の村になったのです。設置選挙は昭和51年（１９７６）９月５日（８月29日告示）に行われました。設置選挙とは新しくできた自治体が初めて行う選挙のことです。第１回目と第2回目は任期が2年で、第3回目（昭和55年）の選挙から通常の4年の任期になりました。この設置選挙で、新しい村長と新しい議員16名が選ばれました。

Q. 最初の選挙だったので、村民の関心が高かったようですね。また、マスコミにも大きく報道されたようですが……

A. 新聞報道によると、一番乗りの人は午前3時に投票所に来ており、投票が始まる7時には行列ができていたとされます。投票率は97・18％（有権者1918人）の高さでした。

Q．その時は、大潟村には選挙管理委員会がなかったと思いますが、どのようにして選挙を行ったのですか？

A．県選挙管理委員会が行いました。この時だけでなく、村が発足してから12年の間に国政選挙や県政選挙が何回か行われましたが、すべて県選管が実施してきました。

村長選挙

Q．そして初代村長には嶋貫隆之助氏が選ばれたわけですね。

A．村長選挙は、村長職務執行者の嶋貫隆之助氏（69歳）と1次入植者の小澤健二氏（42歳）の一騎打ちとなり、嶋貫氏が1116票、小澤氏が727票で、嶋貫氏が当選しました。

Q．小澤氏の支持母体は農民組合を中心にした、いわゆる革新系の人たちでしたので、候補者の擁立はすんなりいったようですが、嶋貫さん側（一般的にいう保守系側）は、なかなかまとまらないで時間が掛かったと新聞に載っているようです。この辺の裏事情を知りたいのですが……

A．大潟村の設置選挙は、村内だけでなく世間の関心も高かったようで、新聞各社は村長選挙についていろいろ報じています。私はこの切り抜きを何枚か持っているので、整理してみると次のような感じになります。

大潟村役場職員に佐々木泰三氏（54歳）がいました。正式な職名は〝主席参事〟でしたが、村民は通常「助役」（今の副村長）と呼んでいました。人物が大きく、村民から信望がありました。どちらかというと事務屋タイプの嶋貫氏に比べ、佐々木氏は政治家タイプの人でした。保守系の入植者の一部から佐々木氏を推す声が高まり、嶋貫VS佐々木の様相になったため、小畑知事は「県庁内（県職員同士）の戦いは好ましくない」と憂慮を示したので、両者は出馬を辞退しました。その後、カントリー公社専務理事・佐々木令蔵氏（64歳）の名前が浮上して一旦決まりかけましたが、入植者にはあまり馴染みがなかったので、「初代村長を外部から選ぶのはおかしい。入植者から出そう」という声が上がり、1次入植者の津島信男氏（48歳）の名前が挙がったのです。両者の調整がなかなか付かなかったので、原点に戻って嶋貫氏に落ち着いたとされます。新聞には出ていませんが、この裏では小畑知事が動いたのではなかったでしょうか。嶋貫氏に初代村長をとの思いが強かったものと私は想像しています。佐々木泰三・佐々木令三両氏とも今は故人となられました。

村議会選挙

Q. 村議会議員選挙の方はどうでしたか。

A. 村議選には16名の定員に対して19名が立候補しました。当時は住区意識が強く、多くの候補者が「住区推薦《すいせん》」という形で立候補したので、住区対抗というような雰囲気でした。私の住区・西1―1でも、自治会の役員会で候補者の人選を協議し、福田昭男さん（46歳）を住区推薦ということで推すことにしました。

現在は選挙期間が5日間ですが、当時は7日間でした。村長候補者、村議候補者合わせて21台の選挙カーが街頭に入り混じって、一週間運動を繰り広げました。お祭り以上のにぎやかさでした。

開票の結果は、福田さんを含めて同数の得票者が3人おり、抽選の結果、福田さんが15番目の当選者に決まりました。この時、抽選のクジを引いた総括責任者の川島昇一さんが「すべり込みセーフ、すべり込みセーフ」と叫んで選挙事務所に飛び込んできたことが思い出に残っています。まだ、携帯のない時代でした。

福田さんや当時の自治会長（武石秀之助さん）、総括責任者とも今は故人となられました。

嶋貫氏の村葬

Q. 嶋貫氏は1期2年で村長を退かれましたが、どうしてだったのでしょう?

A. その理由は、健康を害したからでした。昭和50年（1975）に青刈り問題があり、昭和53年（1978）にはこれを上回る騒動になりました。あくまで私の想像になりますが、この青刈り問題で、頭を悩ませたのでないかと思います。

上の方（小畑知事）からは圧力があり、入植者の方からは突き上げられ、間に挟まれた嶋貫氏は精神的に大きな打撃を受けたものと思います。それが原因で体調を崩されたのではなかったでしょうか。

村長を退かれて1年後の昭和54年（1979）12月13日に残念ながら帰らぬ人となりました。享年74でした。村では氏の業績を称えて12月21日に村葬（葬儀委員長・宮田正馗村長）を行いました。「広報おおがた」では、特集号を組んで嶋貫氏を悼みました。このなかには、嶋貫氏の短歌が載っております。歌の一つに「干上がりし八郎潟の湖底に初雪のごと蜆貝《しじみ》出つ」があります。

大潟村の歴史をつづりながら余生を過ごしたいと語っていたそうですが、果たせないで亡くなられたことは残念に思います。

嶋貫氏の人となり

Q. 嶋貫氏の経歴をもう少し詳しく教えてください。また人となりも知りたいのですが……

A. 明治39年（1906）、大曲町（現大仙市）四ツ小屋に生まれ、県立秋田農業学校（現大曲農業高校）を卒業後、教員として勤務。昭和14年（1939）に県庁に入りました。文書、商工、開拓、地方課長を経て、昭和30年（1955）に八郎潟干拓推進事務局長になりました。その後については、前に述べた通りです。

嶋貫氏が村長の頃は、私は30代の若さで何の役職にも就いていなかったことや、年齢も私の父親よりも上の歳だったので、個人的に直接話したこともなければ、酒を酌み交わしたこともありませんでした。外から見て、気品があって温厚な方でした。挨拶がとても上手で、張りのある声が印象に残っています。挨拶の中でよく口にするのが、「八郎太郎」のことでした。例えば、「本日、このように好天に恵まれ○○を開催できますことは、八郎太郎が見守っておられるからです……」という具合でした。

この八郎太郎について、『八郎潟新農村建設事業団史』の回顧編に、嶋貫氏が次のようなことを寄せていますので、一部を紹介します。

「……全く不思議でならないのは、何か干拓や村の記念すべき行事がある場合には、決まって好天に恵まれるということです。これは、八郎潟の主である竜神八郎太郎が、自分の住みかの5分4をも提供して、我が国における歴史的な大干拓事業に、深い理解と協力をお示しの証左であります。例えば、干陸式、村設置記念式、八郎潟新農村建設事業団開所式のときや、また、天皇皇后両陛下をはじめ、皇太子御夫妻、三笠宮・常陸宮御夫妻などの皇族方が大潟村へお出でになったときなど、この良き例です」。

嶋貫氏は、大潟村の墓地公園に眠っています。場所は私の墓地の斜め向かいにあります。お盆の墓参の際には、毎年、嶋貫氏の墓石にも手を合わせて往時を偲んでいます。

第6章 入植者の営農の移り変わり

1、直播から田植機まで

直播栽培

Q. 1次入植者は直播をやったということですが、直播はいつまで続けられましたか。

A. 結論から言うと、昭和43年（1968）と翌年の2年だけでした。事業団の営農指導方針の一つに、協業経営とともに水稲の直播栽培がありました。1次入植者56戸の初年度の営農指導は、直播を75％程度（50％程を乾田直播、25％程を湛水直播）とし、25％程度の移植を組み入れるというものでした。乾田直播は、畑状態に種を播く方法、湛水直播は代かきした状態に種を播く方法です。

作付けが終了した段階で事業団が集計した数字によると、479ha中、288ha（60・2％）が直播、移植が176ha（36・8％）、不作付け地（休耕）1・4ha（3％）となっています。ところが、5月中旬以降の天候不順と、種子埋没による発芽不良、苗腐敗病の発生等の悪条件が重なり、生育が極めて不良となりました。これに対して入植者と事業団は改植を行うことになり、県内はもちろん、遠くは岩手県にまで苗の応援を仰ぎ、周辺農家の人たちの協力を得て、手植え移植を行ったとされます。最終的には直播２０１ha、手植え２２５haでした。

昭和44年（１９６９）には２次入植者86戸が加わりました。前年の経緯を踏まえて、直播栽培は50％以上、残りは機械移植か手植え移植よる指導方針がとられました。しかし、前年と同様、低温や強風により苗立ち不良となり、各地から救援苗が届けられました。約４２０haが改植され、最終的には約１０４２ha（８４％）になりました。この労働力は周辺の農家に依存しなければなりませんでした。（以上『八郎潟新農村建設事業団史』）

手植え移植

営農３年目を迎えた昭和45年（１９７０）は３次入植者１７５人が加わり、面積は２５００haに増加しました。これまでの2年間の経緯から、直播栽培を推進させるには現段階では無理があるとして、事業団は直播の指導は行いませんでした。したがって手植え移植が90％を超え、大半は周辺農家に苗代（折衷苗代）を委託。バスに乗って多数の田植の女性たちが訪れ、田んぼを埋め尽くしました。

Q. 手植え移植はいつ頃まで行われましたか。

A. 私（４次入植）の営農開始は昭和46年（１９７１）です。私は、この年から３年間は、苗代を男鹿市五里合地区に委託し手植えを行いました。

Q．田植の女性たちをどのようにして頼みましたか。

A．苗代を委託した家で、女性たちを集めてくれました。苗代の管理と田植の女性がセットのような感じでした。ほとんどがこのような方法だったと思います。

Q．１枚の田んぼ（約１・25ha）を植えるのに何人掛かりましたか。また、１日の労賃はいくらでしたか。

A．17人前後でした。昭和46年（１９７１）の労賃は１６００円でした。封筒に入れて１人１人に手渡しました。

田植機登場

Q．田植機で移植が行われるようになったのはいつからですか。

A．昭和48年（１９７３）になると、歩行型４条田植機が普及し、村内の作付面積は約47％に達し、

田植風景（『大潟村史別冊』より）

機械移植の時代が始まりました。私の営農グループの由利農場（6人）でも、工藤さんが田植機を入れました。私は昭和49年（1974）に田植機を購入して機械植えに切り替えました。『大潟村史』によると、昭和49年の機械移植は84％、昭和50年（1975）は90％を超えたとなっています。

ざっくり言うと、昭和43〜44年（1968〜69）が直播の時代、昭和45〜47年（1970〜72）が手植えの時代、昭和48年（1973）が手植えと機械移植の半々の時代、昭和49年（1974）以降は機械移植の時代と言えます。したがって、5次入植者は営農開始が昭和50年ですので、初年目から機械移植でした。

私は昭和53年（1978）に歩行型6条を購入。昭和60年（1985）に乗用型8条を入れました。歩行型4条の時は、1枚植えるのが目標で、朝から晩までかかって何とか植え終えましたが、乗用型8条では楽々2枚を植えることができました。

2、収量と品種

Q．初期の頃の反収（10a当たり）はどのぐらいでしたか。

A．これも『大潟村史』から拾ってみると、表10の

〔表10〕
入植初期の反収
（単位：kg）

昭和年・収量kg	
昭43（1968）	336
44（1969）	459
45（1970）	519
46（1971）	523
47（1972）	524
49（1974）	552
52（1977）	573
55（1980）	581

ようになります。

Q．初期の作付け品種は何でしたか。

A．昭和43〜46年（1968〜71）は、「ヨネシロ」と「レイメイ」が主力でした。昭和47年（1972）になるとヨネシロに代わって「トヨニシキ」になり昭和52年（1977）頃まで続きました。昭和52年頃にレイメイに代わって「アキヒカリ」が登場し、10年ほどアキヒカリ、トヨニシキの組み合わせが続きました。「あきたこまち」が登場したのは、昭和62年（1987）頃で、平成に入ってからは、あきたこまちが主力品種になっていきました。一方、モチ米の方は、当初は「おとめもち」と「ひでこもち」が主力でしたが、平成5年（1993）頃から「たつこもち」と「きぬのはだ」に代わっていきました。

3、協業経営

Q．協業経営とはどのような方法ですか。またいつ頃まで続きましたか。

A．協業には部分協業と完全協業があります。部分協業は農業機械（トラクター、コンバイン、ダンプ、機械格納庫等）を共同で所有して使用する方法です。これは事業団の指導の一つだったので、入植当初はどのグループも取り入れましたが、4、5年で個人に切り替えました。また完全協業は、農作業も共同で行い、収入も等分する方法でした。1次入植者の中には、完全協業を取り入れたグループもいくつかありましたが、長続きしませんでした。現在はほとんど個人になっています。

Q. なぜ協業はうまくいかなかったのですか。

A. 農業だけでなく企業もそうですが、経営の目的はいかに収入（所得）を上げるかにあります。その手段として協業経営があります。理論上は、協業や共同はムダがなく効率が良いようになるわけですが、現実は反対でした。個人の方が収入が上がった（上がる）のです。また、精神的な問題もありました。協業は家族のようにはいかなく、人間関係に色々気を遣うので精神的に疲れるということもあったのです。このようなことから大潟村の協業は4、5年でほとんどダメになりました。

1番長く続いたのは「第一農場」のようです。宮田正馗著『ゼロから自治体を創ったらどうなるか？』に、「私たちの第一農場は7年ほど続いた」と述べられています。共産主義や社会主義がうまくいかないこととよく似ていると思います。近年は、多様性を重んずる時代になっているので、なおさら協業・共同は難しくなっていると感じます。

4、自脱コンバイン登場

Q. 先に田植機が使用されるようになったのは、昭和48年（1973）からと聞きましたが、コンバインとトラクターはどのような具合でしたか。

A．先ずコンバインの方から説明します。当初はスレッシャーコンバインと言って外国製の大型コンバインでした。麦刈り用に使用されている機械で、水分のある日本の水稲には適しませんでした。ロス（未脱穀や選別不良）が10％以上も出る状態でした。昭和50年代に入ると国内の農機具メーカーが自脱コンバイン（モミタンク付き、４条刈り）を開発し、１年ごとに改良が進み、一気に国産へと向かいました。由利農場でも昭和51年（１９７６）に２人（三浦さん、佐々木さん）が購入しました。私は翌52年に買い求めましたが、前年購入した２人のものよりもぐっと改良されていました。「私も1年待てばよかった」と言われるほどでした。この年から稲刈作業は完全に個人になりました。

トラクターはフォードやファーガソンといった外国製のメーカーでした。トラクターはコンバインと違って大潟村に適し、耐久力もありどの農家も30年以上使用したようです。タイヤ部分に鉄製の履帯（日本製）を巻いて使用しました。現在は大半が日本製のトラクターに変わり、足回りはゴム製履帯のものが多く見られます。

5、農家戸数の変化と経営面積

Q．現在の農家戸数と平均耕作面積はどのぐらいですか。

A. 令和3年（2021）版「大潟村農業の紹介」（大潟村発行）のパンフレットによると、令和3年4月の農家戸数は483戸です。589戸が入植したわけですから、100戸以上が離農したことになります。年々減少を続けており、今後もこの傾向が進行すると予想されます。

ここ12年間の推移を見てみると、表11のようになります。

離農者の田んぼは、今まですべて村内の人が買い受けているので、令和3年の平均面積は18・4haになっています。面積別に見ると、表12のようになります。

〔表11〕農家戸数の変遷

和暦（西暦）	戸数
平成 22（2010）	523
23（2011）	520
24（2012）	518
25（2013）	517
26（2014）	511
27（2015）	508
28（2016）	500
29（2017）	498
30（2018）	494
令和 元（2019）	488
2（2020）	486
3（2021）	483

（出典：「大潟村農業の紹介」）

〔表12〕
令和3年の経営面積と戸数

経営面積ha	戸数
30ha以上	53戸
25～30ha	29戸
20～25ha	96戸
15～20ha	79戸
15ha	200戸
10～15ha	15戸
5～10ha	7戸
4ha未満	4戸

（出典：「大潟村農業の紹介」）

田んぼの売買

Q. 田んぼの売買が自由になったのはいつですか？

A. 田んぼの配分を受けたとき、農林大臣と契約書を交わしました（4次入植者の場合は昭和44年10月11日）。この契約書には、所有権を取得してから10年間は売買ができない旨が記載されていました。1次から4次までの1次配分地の「所有権保存登記」が行われたのは昭和48年（1973）3月31日です。これは107ページで述べた部分竣工が行われたことによるものでした。したがって、昭和58年（1983）3月31日までは売買ができませんでしたが、4月1日からは自由になりました。また、2次配分地は昭和62年（1987）3月26日に自由になりました。

よく大潟村の土地（農地や宅地）は自由に売買できますかと聞かれますが、現在は田んぼだけでなく、大潟村の土地はすべて売買が自由です。

Q. 田んぼの売買が最初に出たのはいつですか？

A. 昭和59年（1984）2月です。2人の農家が田んぼを売却しました。しかし、昭和54年（1979）頃から起こっていたようです。昭和55年（1980）1月12日付の新聞に「すでに2人、手放す」と報道されています。前述したように10年間は売買が禁止されていたので、内輪で行われていたようです。

Q. 売買が自由になったのは昭和58年（1983）ですが、なぜ昭和59年（1984）だったのですか？

A. それは、昭和58年中の譲渡は短期譲渡所得課税となり税率が長期譲渡所得の2倍になることから、節税対策の関係で昭和59年に申請されたようです。

Q. その辺のいきさつをもう少し詳しく教えてください。

A. 田んぼの売買については、新聞各紙がこぞって報じています。それを基に整理すると次のようになります。

昭和59年（1984）1月末に、入植者2人から「所有権移転許可申請書」が出されました。これに伴い村農業委員会は1月31日、委員会を開いて審査に入りました。所有権移転申請は村が発足して初めてのことであり、将来に大きな意味を持つことなので慎重に扱うべきとの意見が出され、継続審査とし、2月3日に改めて委員会を開いて許可を決定しました。

この2人は4次入植者のAさんとBさんでした。Aさんは10・22ha（1次配分地すべて）、Bさんは4・72haを売却しました。3次入植者のCさんがこのほとんどを買い受けたとされます。

Q. Aさんはその後、短期譲渡になる2次配分地も売却したようですが？

A. Aさんは多くの負債を抱えていたようです。1次配分地の売却だけでは全部の負債を整理できなかったほか、昭和55～58年（1980～83）の土地償還金の一部約700万円が未納となっていたため、大潟土地改良区が土地改良法に基づき公売（大潟村と周辺5町に公告）

に付したのでした。

新聞には「2次配分農地は4筆に分けられ、入植者だけ10人が参加。入札の結果、3人の5次入植者が落札した。その総額は約7160万円。10a当たりの価格は137〜146万円で、土地改良区が示した最低公売価格115万円を上回った」と掲載されています。

Q. なぜこんなに負債が増えたのですか?

A. 私にはよく分かりませんが、「裏社会の人間とマージャンをした……」という風聞が昭和50年代中頃に村内に流れました。人のいいAさんは組織のカモにされたのではなかったでしょうか。ちょっとした心の油断がそうさせたものと思います。その後、Aさんは秋田市に転出し、亡くなられました。今ではこのことを話す人もいなくなり、遠い昔話になりました。

Q. あなたはAさんと付き合いがありましたか。

A. 同じ4次入植者だったので、会えば当然あいさつはしたし、時には話も交わしました。思えば、昭和58年(1983)1月にお会いしたことを記憶しています。私は地区の子供会の役員をしており、子供たちに冬休みの思い出としてタコ揚げを計画し、Aさんに頼んでタコ作りの指導を受けました。この時のAさんは、特に変わった様子は見られず、子供たちに明るく指導してくれました。これが最後でした。

Q. 離農者や売却者が増えている理由はどのようなことによりますか。

A. 最初の頃は経営の悪化によることが多かったようですが、近年は後継者がいないことが多くなっています。農家所得は年々減少しており、子供に跡を継いでくれと、言えなくなっているからです。

農業の生産額

Q. 大潟村の農業生産額はどのぐらいありますか。

A. 「大潟村農業の紹介」によると表13のようになります。平成16年が大きく落ち込んだのは、台風17号による塩害被害の影響が出たことです。また平成30年は、高温障害が出たことによる下落でした。大潟村で高温障害が出たのは初めてでした。

〔表13〕
農業の生産額（単位：億円）

和暦（西暦）	・億円
平成13（2001）	124
14（2002）	118
15（2003）	149
16（2004）	71
17（2005）	111
18（2006）	109
19（2007）	102
20（2008）	119
21（2009）	118
22（2010）	87
23（2011）	111
24（2012）	123
25（2013）	110
26（2014）	100
27（2015）	111
28（2016）	118
29（2017）	123
30（2018）	92
令和元（2019）	118
2（2020）	117
3（2021）	102

（出典：「大潟村農業の紹介」）

第７章　八郎潟干拓の目的と効果

1、干拓の目的

干拓の必要性

Q. 八郎潟干拓の目的は何だったのですか。

A. そもそも干拓の起こりは、食糧の増産によるものでした。

　耕地の少ないわが国は有史以来、主食である米不足に悩まされてきました。それに追い打ちをかけるように、たびたび冷害が襲い、国民は飢えの状態から脱出できない状況が続いていました。

Q. 飢えの状態から脱出できない状況とは？　もっと具体的に教えてください。

A. まず、古い年代になりますが、江戸後期の資料を見てみたいと思います。①宝暦3年（１７５３）8月20日に降雪があり、2年続きの凶作になったとあります。秋田藩内38万８０００人のうち、３万２０００人の餓死者があったとも言われます。②天明３年（１７８３）には、秋田藩はもとより東北諸藩を大飢饉《ききん》が襲いました。秋田郡七日市村（現北秋田市）の肝煎《きもいり》（今の村長）長岐七左衛門はこの惨状を、「幼児は捨てられ、父母を探し迷う姿はまるで地獄である。かわいそうにと幼児の手に食べ物を握らせると、その親が奪い取って自分で食べてしまう。まったく親子兄弟の情もなく、畜生道《ちくしょうどう》という有り様である」と記録しています。③天保年間に入ると、天保3年（1832）から5年連続の凶作でした。なかでも天保4年（1833）が大凶作だったことから「巳年《みどし》のけかち（飢饉）」と呼ばれました。（参考：『秋田県の歴史』河出書房新社）

このような状態だったため、秋田藩では新田開発に力を入れました。したがって、私たちの先祖はわずかな平地でも田んぼに変えてきました。各地で開田が行われ、当然、八郎潟にも目が向けられたのでした。湖岸の農家は、冬になると高い所から土砂をソリで運んで水辺を埋め立てて1mでも2mでも田んぼを広げる作業をコツコツと続けたとされます。

Q. 米は貴重品だったわけですね。明治になってからはどのような状況でしたか。特に八郎潟を取り巻く町村の事情を教えてください。

A. 国は明治32年（1899）に「耕地整理法」、大正8年（1919）に「開墾助成法」を制定し、全国的に開田を進めました。

八郎潟の周辺町村でも活発に開田が行われたことが、どの市町村史（誌）にも掲載されています。各市町村史誌から拾ってみると次のようになります。①「明治20～30年代にかけて、大今戸・小今戸・浜井川の湖岸埋立地は１５０haにも及んだ」（『井川町史』）②「米不足で困った大久保村は、村営の地先干拓を計画。明治29年まで37haを開田した。現在の〈今潟〉〈千刈田〉の字名は、この開田地である」（『昭和町誌』）③「一日市地区では、大正末期までに巻立田《まきたてだ》（小規模な干拓方式）90ha、埋立田《うめたてだ》（埋め立てによる方法）40haが造られた。夜叉袋、真坂地区では、巻立田１２０ha・埋立田30haだった」（『八郎潟町史』）④「昭和7年に浜口村長となった大谷地生まれの畠山茂雄氏が、湖岸の埋立てによる開田を決意。数年間で60ha余りを完成させ、１ha未満の農家に分譲して経営の安定を図った」（『八竜町郷土誌』）⑤「昭和10年にトロッコで土砂を運び、柳原地区の湖岸に18ha余りの田地を造成した」（『若美町史』）⑥「飯塚の小玉友吉が大正2年から14年にかけて湖岸70haを干拓」（『国土はこうして創られた』）などです。

このような状況だったので、先見性のある人（初代知事島義勇や元衆議院議員二田是儀など）は「八郎潟干拓」を唱えたのでした。

潟端《かたばた》の田んぼ

Q. 埋め立てなどによって造られた湖岸の田んぼはどのぐらいの面積ですか。

A. 正確には分かりませんが、２０００haほどと言われています。その多くは超湿田で、家畜も機械も入れず、人力による作業だったといいます。「開墾地」「ヒラキ（開）」「オゲンダ（沖田）」「シンタ（新田）」などと、地域によっていろいろな呼び名があったようですが、共通した呼び名は「潟端」であったといいます。今も潟端という小字名があちこちに見られます。

Q. 潟端の田んぼは水害で悩まされたといいますが……

A. 潟端の水田は低地帯のため排水が悪いだけでなく大雨被害にも毎年悩まされてきたようです。大雨になると八郎潟の水位が膨れ上がり、強い風が日本海から吹き付けると、船越水道からなかなか水が流出しなくなり、潟端の田んぼは何日も冠水したといいます。

昭和の食糧不足

Q. 昭和になっても食糧不足は変わらなかったわけですか?

A. そうです。昭和年代に「おしん」というテレビドラマが話題になりました。おしんはまだ少女だったのに、「口減らし」のために奉公に出されました。口減らしとは、家族が多いと食べ物(3度の食事)が十分行き渡らないので、人数を減らすことです。これは、おしんだけでなく、東北の農村の実情でした。農家であっても食糧不足だったのです。

Q. 言われてみればその通りですね。戦中、戦後は深刻な食糧不足だったと言われますが……

A. 写真集『昭和の子どもたち』(学研)には、次のようなことが掲載されています。①「子どもたちは、刈り入れが終わった田んぼに落穂拾いに行った(昭和17年)」②「学校のグラウンドも公園の広場も野菜畑に変わった(昭和19年)」③「東京では、1人につき、3日にネギ3本、5日に魚一切れ、薪も配給だった。腹を満たすために掘れるところは掘って畑にした（昭和19年）」④「代用食でしのぐ日々——代用食とは、米に代わる食べ物のことで、麦飯、サツマイモ、トウモロコシ、スイトンなどである。わずかな配給米にクズイモや大根の葉などを混ぜ、水増し雑炊《ぞうすい》にして食べた」などです。深刻さが伝わってきます。

私の郷里には次のような諺《ことわざ》が伝わっていました。「この世の中で1番恐ろしいものは、オオカミでもトラでもなく、ヨノケが舌（下）を出すことだ」という言葉です。ヨノケとは、米びつのことです。米びつの下（底）が見えてくると、食事が出来なくなるので最も恐ろしいことだというのです。子供の頃、祖母や母がよく口にしていた話です。

戦後の食糧不足

Q. なんか寒くなる話ですね。まだありますか？

A. 終戦直後の話があります。前のページでも述べましたが、昭和20年（1945）8月の敗戦による食糧難です。復員軍人や海外に移住していた引き揚げ者などが国内にあふれ、深刻な食糧不足を招いたといいます。政府はこの食糧不足を解決するため、同年11月に緊急開拓事業を閣議決定し、山間地や荒れ地などに入植を行いました。

国の直接事業としては、「田沢疏水《そすい》国営開墾事業」（昭和12年〈1937〉着工、同38年〈1963〉完了）、「第二田沢疏水国営開墾事業」（昭和38年〈1963〉着工、同45年〈1970〉完了）、「能代地区総合開拓パイロット事業」（昭和43〈1968〉着工、平成2年〈1990〉

完了）などが県内で行われました。

一方、全国に目を向けると、「京都府巨椋《おぐら》池」「青森県三本木原」「福島県矢吹原」など、私たちが何度か耳にしたことがある国営開墾事業が行われました。また、干拓にも力が注がれ、32ページに「日本の干拓」として掲載したように、多くの干拓が実施されました。

このような状況下だったので、がぜん八郎潟の干拓がクローズアップされ、昭和20年（１９４５）10月に干拓に乗り出すと発表したことは当然の成り行きだったと思います。

Q. この食糧不足について、あなた自身が心に残っていることがありますか？

A. 確か小学5年生（昭和27年）だったと思いますが、先生が次のような話をしてくれたことを記憶しています。「日本国民は、1年に１人平均およそ1石（約１５０kg）の米を消費するので、人口約８０００万人のわが国は、およそ８０００万石（約１２００万ｔ）の米が必要である。しかし、総生産量は６０００万石（約９００万ｔ）ほどであり、不足分の２０００石（約３００万ｔ）は、よそから求めなければならない」という苦しい米事情でした。
また、中学3年生の昭和32年（１９５７）には、東京への修学旅行がありました。東京では米が思うように手に入らないということで、生徒1人から白米を1升（約１・５kg）を集めて旅館に送りました。

このような状態だったので、私の子供時代は農家でありながら集落のほとんどの家では「押し麦」や「南京米《なんきんまい》」と呼ばれる外米を食べていました。

昭和20年代の政治の最重要課題は、国政も県政も国民を飢えから救うことでした。政府は昭和20年（1945）10月に八郎潟干拓に乗り出すと発表しました。そして昭和21年（1946）4月に干拓調査費1億2000万円を計上したのです（37ページ参照）。しかし、この時の秋田県知事は、漁民の反対運動に手を焼き予算を返上してしまいました。今考えると、とても残念なことだったと思います。

干拓工事の着工は昭和32年（1957）です。もう20年早く着工していたら、計画通り入植が実施され、食糧不足の解消に大きく貢献できたはずです。いや、20年でなくても10年早かったらよかったと思います。

Q. 確かにもっと早かったらよかったと思いますね。でも、自分自身を考えてみると、20歳になっていないので、入植することができなかったのでは？　かりに入植しても、2・5haでは今のような大規模経営はできなかったのでは？　また、次三男対策だったので、長男は入植できなかったのでないでしょうか？

A. まったくその通りですね。干拓がすったもんだして長引いたこと、生産調整政策により入植が打ち切られたため、追加配分があって15haになったことなど、自分のことだけを考えると本当に運が良かったと思います。こう考えるととても複雑な気持ちです。心の整理ができなくなります。

干拓の価値

Q．近年、「八郎潟はなぜ干拓されたのか」など、その必要性を問う声が聞かれるようになっていますが……

A．八郎潟干拓が着工（昭和32年）してから66年の歳月が流れ、世の中が大きく変貌し価値観も変わりました。干拓の目的は遠い昔になり、私たちの記憶から薄らぎつつあります。

今は食糧難から食料が有り余り廃棄される時代になりました。2、3年前のある新聞記事に「日本の食品ロスは年約646万tにもなるという。これは国民1人が1日に茶碗1杯のご飯を捨てている量に相当する」とありました。食糧難という言葉は死語に近い感じになっています。「八郎潟干拓は何だったのか」という声が出てくるのも当然のことです。

Q．これからも食糧過剰が続くでしょうか？

A．世の中は不変ではありません。この66年で社会が大きく変わったように、今後の66年、100年も変わることは必至でしょう。どう変わるかは誰も予測できないことですが、飽食時代がいつまでも続くとは私には思えません。現にロシアのウクライナ侵略は世界経済の混乱を引き起こしています。日本だけでなく、世界的に食料の価格が高騰しており、途上国では食糧危機の懸念も高まっていると言われています。

これとは別に、世界的に目を向けると、地球の人口が年々増加している裏側には、約1割の8億人が栄養不足と伝えられています。干ばつにより砂漠化している農地が年々増加しているとも報じられています。国内をみても農村の高齢化が急速に進み、担い手不足が問題になっています。

こう考えると、戦中・戦後のような深刻な食糧不足ではないにしても、食料が大切な時代がまた訪れると思います。現在の日本は食料自給率が38％と低く、食料の多くを海外に頼っています。自給率向上が急務と言えます。大潟村は先人が英知を結集して造った貴重な国土(陸地)です。将来のために農地を大事に維持していかなくてはなりません。農地を守るという教育や世論の喚起が必要であると訴えたいです。

八郎潟干拓の第一目的は食糧増産でした。将来、この目的が実現されることを願っています。

2、干拓の効果

Q．干拓は自然破壊だと説く人もいますが……

A．それに対して、「単なる感傷でしかない」と反論する声もあります。しかし、これはやや過言だと思います。私は、『大潟村史』のなかで、次のようなことを書きました。

「満々と水をたたえた湖、白帆を広げて走る打たせ船。干拓前の八郎潟の光景です。明治期には幸田露伴や正岡子規などの文豪が来遊し、その後も多くの著名人が訪れて八郎潟を記録に残しています。果てしなく広がる湖面、湖岸に霞《かす》む三倉鼻や男鹿の山々の情景は、県内有数の景勝地であったことを物語っています……」

たしかに、この美しい自然が失われたことは残念なことです。しかし、現実に干拓された今、これにこだわっていてもどうにもなりません。それはそれとして、現実に目をやり、干拓の良い面——効果を見ていかなければならないと思います。

Q. 具体的に干拓の効果や価値を挙げると、どんなことですか。

A. 前小畑勇二郎秋田県知事は『大潟村の今後に期待するもの』のなかで次のように語っています。

「……今、周辺の農家の方々は、昔のことを忘れております。この八郎潟の干拓は一体何のために行ったのでしょうか。それは先ほど申し上げたように、周辺の田んぼの災害を解消し、農家の経営規模の拡大と、所得の向上のためであります。みなさん、今その目標どおりできたではありませんか。今はもう忘れたようになっていますが、あの春と秋の悲惨な災害は全くなくなりました。そして、かつての湿田が乾田になりました。八郎潟の干拓によっていかに潤って豊かになったか、これは計り知れないものがあります。……この新農村に対し、羨望《せんぼう》の目を持ち、時によっては冷ややかな批判をしておられる、こんな悲しいことはございません。どうか、周辺の農家も、八郎潟の干拓がでたことによって、自分たちの経営も豊かになった、水害もなくなった、本当によかった、こういう気持ちで新農村建設にもっと温かい気持ちをもってもらいたいと思います」

Q. この小畑氏の言葉について、何かコメントがありますか。

A. われわれ村民は口幅ったくて、とても言えないことを小畑氏が述べてくれてとても感謝しています。小畑氏の言葉に釣られて3、4点述べたいと思います。

一つは、経済効果です。私はよく湖畔をドライブします。既存の田んぼの一部には耕作放棄地が見受けられますが、周辺干拓地の田んぼは1枚の不作付地もなく管理されています。その理由は、条件が良いからだと思います。周辺干拓地の田んぼの面積は1563haで、2373戸の農家が耕作しています。また、中央干拓地内（大潟村内）には周辺農家の増反地が1916haあり、2072戸が耕作しています。周辺干拓地と中央干拓地を合わせた面積は1万1762haです（平成10年「大潟村農業の紹介」）。この生産力は、かつての漁業よりもかなり高いのではないでしょうか。それに加えて、潟端の湿田約2000haは水害がなくなり、美田に変わった効果も高いと思います。

二つは、交通事情が良くなったことです。大潟村内を3本の県道が通っています。県道42

号線（男鹿八竜線）、県道54号線（男鹿琴丘線）、県道２９８号線（道村大川線）です。干拓前は湖東部と潟西部は遠い存在でしたが、直線道路でつながり便利になりました。県道42号線は交通量が多くなっています。これは、国道7号線を通るよりも信号機が少なく運転しやすいからこちらを利用しているのだと思います。この3路線は通勤・通学の人たちにも役立っています。

三つは、村外の人たちの雇用に役立っていることです。村内にある役所・団体・事業所37カ所を調査したところ、１０１８人の勤め人のうち、８０４人が村外から来ていることが分かりました。人口３０００人の村は、日中には３８００人に膨れ上がるのです。朝の通勤時には、八郎潟、船越、八竜、鹿渡方面から１００台を超える車がつながって走ってきます。この光景は活気を感じます。

四つは、新しい自然が生まれたことです。180ページに掲載しましたが、大潟村は野鳥の宝庫として全国から注目を集めています。野鳥だけでなく小動物も多く生息しています。また、桜並木と菜の花ロードのような景観も誕生しています。たしかに昔の自然（湖）は失われましたが、それに代わって新しい自然（大地）が生まれました。

八郎潟歴史館の建設

Q． たしかに経済効果からみると本当です。しかし、昔の八郎潟を忘れてはいけませんね。

A. 経済一辺倒になってもいけないし、ノスタルジックだけに偏ってもいけないと思います。このバランスをうまくとることが大切です。

ここで私が提案したいことは、「八郎潟歴史館」や「アーカイブス館」を造ることです。周辺町村には、資料館や展示室が多くあります。「若美ふるさと資料館」「男鹿市ジオパーク学習センター」「八郎潟漁撈用具格納庫」「潟上市郷土文化保存伝習館」「井川町歴史民俗資料館」「八郎潟町地域史料館」「三種町琴丘歴史民俗資料館」「三種町農村環境改善センター」「天王グリーンランド 潟の民俗展示室」「大潟村干拓博物館」などです。これらの中核となり、横の連絡をとりながら効果的に機能する施設です。

水質浄化対策

Q. 八郎湖の汚染が問題になっていますが……

A. 八郎湖でアオコの発生が初めて確認されたのは、昭和53年（1978）7月です。この時は発生期間が短く、水域も狭かったので、特に問題になりませんでした。アオコが大発生して大きな問題になったのは、平成11年（1999）でした。平成18年（2006）には、水質調査ワースト3になり、平成19年（2007）に湖沼法による「全国指定湖沼」に指定されました。琵琶湖、霞ケ浦など全国で11番目の指定でした。指定湖沼は水質改善が急務な湖沼を国が指定して総合的な対策を講ずるため、昭和60年（1985）に施行された法律によって行われたものでした。

以来、いろいろな対策が講じられてきましたが、目立った成果が上がっていないのが現状です。

Q. あなたはどういう対策が効果的と思いますか？

A. 私は「議論より実践である」と思っています。今まで多くのフォーラムなどが開催され、その度に、「昔の八郎湖を取り戻そう」「美しい八郎湖を未来に残そう」と理念理想を声高々に訴えてきました。しかし、いくら唱えても水は改善されないのです。「どこを、どうすれば、どのように変わる」「その費用は、どこから、どのようにして工面するのか」というような具体的な案を出して実践に移すことが必要と思います。

八郎潟干拓について振り返ってみてください。「可知《かち》案」「金森案」「師岡《もろおか》案」「狩野《かのう》案」「ヤンセン案」などが出されて検討されました。このように具体的に案が出たことによって干拓は進行したのです。

これを参考に、○○案、××案という具合に、具体的な浄化案を出すことです。それをいろいろな方面から検討して絞り込んで実践に移すことだと思います。

Q. あなたは具体的な案をお持ちですか。

A. 「昔の八郎潟の美しさを取り戻そう」と理想をあまり高く掲げないで、現実的に考えることです。大潟村には、「ボート場（漕艇場）」と「水上スキー場」の二つの施設があります。どちらからも水の問題は出ていません。大潟村の水は、八郎湖～田んぼ～排水路～八郎湖～田んぼと巡回しているので、水田によって浄化された奇麗な水です。

八郎湖の1番の問題は「アオコ」です。このアオコ対策に絞って案を出すべきと思います。私は二つの案を考えています。1案は、「八郎湖の浚渫《しゅんせつ》と水草の栽培」です。2案は、「ソーラー発電による噴水」です。

Q. 八郎湖の浚渫とは具体的にどのような内容ですか。

A. アオコの発生は毎年決まって出るものでありません。「高温の日が連続したとき」「何日も雨が降らなかったとき」に発生します。つまり水温が高くなる7、8月に発生し、春や秋には発生しません。これは湖水が浅いため水温が高くなるからなのです。湖の中央部を浚渫して深くすることです。浚渫した泥は湖岸50～80mほどに堆積《たいせき》させて浅くし、ここに水草を植えることです。水草が増えるとミジンコなどの動物プランクトンが発生し、アオコなどの植物プランクトンを食べるとされます。ハスの栽培も可能になります。また、水を浄化すると言われているタニシやカラスガイなどを放流することです。

Q. これには多額のお金がかかると思いますが……

A. 国営でやるしかないと思います。秋田県選出の国会議員にお願いして頑張ってもらうことです。

Q. 2案のソーラー発電による噴水とは具体的にどのようなものですか。

A. 1案がダメな場合、または実現するまで年数がかかる場合、それに代わる案です。堤防沿いにソーラーパネルを設置して、その発電によって噴水を作ることです。アオコは雨が降らなかったときに発生するのですから、人口雨のような感じで噴水を作ればよいのです。その水は堤防の外の井戸水（地下水）を使用することです。そうすれば、外部からの水の導入にもつながります。

噴水に使用しない時期は、南北排水機場の電力に活用すればよいのです。

Q. よく分かりました。いろいろな案を出して、どの方法にするか絞ることですね。

A. そうです。浄化案を全国から募集することです。全国にはいろいろなアイディアを持っている企業や科学者がいます。この人たちの知恵を借りることです。

3、大潟村の役割

Q. 大潟村は全く新しくできた村なので、従来の農村とは違った生活様式であること、全国から集まってきているので言葉や文化の違いがあることなどから、周辺市町との人間の交流がどうしても薄くなっている面があるように思いますが……

A. 村が誕生してから60周年を迎えようとしていますが、周辺住民との交流が今一という感じがします。これは過剰作付け問題が未だに尾を引いているのではないかと思われます。減反を巡って周辺農家は苦々しく大潟村を見ていたことでしょう。このしこりが拭い切れないような感じがします。

減反問題がなくなった今、大潟村は周辺農家と一緒になって新しい農業に取り組んでいきたいものだと思います。村には新しい農業に挑戦している人たちが多くいます。交流を大いに進め、八郎湖地域の農業の中核となって一緒にやっていくことです。

Q. 農業以外ではどんなことが考えられますか。

A. 今、八郎湖の水の汚れが問題になっています。八郎湖の浄化対策を大潟村がイニシアティブをとって周辺市町と一緒にやることです。現在、大潟村情報発信者の松岡正樹さんが会長になって「美しい八郎湖を未来に残す協議会」を推し進めています。周辺の人たちと一緒になって良い結果が現れるようにしたいものです。

Q. 元大潟村応援大使の小玉徳太郎氏は、「環八郎湖文化圏構想（山手線構想）」を提唱していますが……

A. この構想は素晴らしい考えだと思います。芸術文化の交流は大切なことです。

このことで私は前々から気になることがあります。それは環八郎湖でありながら、南秋田郡と山本郡という郡の違いがあり、古くからこの垣根があるように思えるのです。また、同じ南秋田郡の中でも、湖東地区と潟西地区（男鹿市）という微妙な隔たりがあるような気がします。具体的に言うと、スポーツ大会でも文化芸術発表でも南秋地区、男鹿地区、山本地区というように分かれているのです。小・中学校の時からこのような状態なので、青年会、婦人会（女性の会）、老人クラブも環八郎湖としての大会や行事がありません。大潟村が提唱して環八郎湖の組織や団体を新しく作れないものかと思います。

Q．大潟村、湖東地区、男鹿潟西地区、三種町地区の四者に古くから共有しているものに何かありますか？

A．ごく単純な考えですが、「菅江真澄《すがえますみ》」と「八郎太郎」は、どの地区も共有しているのではないかと思います。菅江真澄は江戸後期の紀行家で、多くの著書を著しています。特に、男鹿や八郎潟周辺には多く足を運んで地区の様子を記録しています。男鹿市と五城目町に菅江真澄研究会がありますが、ほかの市町村にはありません。「環八郎湖菅江真澄研究会」を組織したらどんなものでしょうか。

また、八郎太郎物語は八郎湖畔のどこでも共通して語られています。かつてどこの集落にもあったとされる八郎太郎講中《こうちゅう》（八郎太郎を祭るために組織された任意団体）は、現在はほとんど衰退してしまっているようです。八郎太郎を語る会、八郎太郎信仰を復活させる会などを作ったらどんなものでしょう。

Q. 菅江真澄も八郎太郎もとてもよい発想だとは思いますが、それはごく一部の関心のある人たちだけになってしまうのではないでしょうか。特に若い人たちには受けないように感じます。もっと明るくぱっとした面白いことがないでしょうか。

A. 「八郎湖湖上花火大会」はどうでしょうか。1年ごとに場所を変えて八郎湖を一周するのです。主催と準備は地区の持ち回りにしたらいいと思います。周辺住民が堤防に集い、花火を眺めながら交流できたら最高です。これならみんなに喜ばれるのではないでしょうか。

Q. 琵琶湖には「琵琶湖周航の歌」があり、それぞれの土地に歌碑が造られていると聞いていますが……

A. 歌手の水森かおりさんは、全国のご当地ソングを多く歌っています。秋田県内の歌には「五能線」があります。この歌により、能代から岩館までの沿線住民の心は強く結ばれたことと思います。水森さんに、八郎湖に関した曲を歌ってもらったらどんなものでしょう。そして、大潟村のホテルを会場に環八郎湖地区対抗カラオケ大会を開いたら、とても良い文化交流になるのではと思います。

第8章　青刈り騒動と過剰作付け

1、青刈り騒動

Q．過去に青刈り騒動がありましたが、何が原因で起きたのですか。

A．大潟村の青刈り騒動は2回起こりました。1回目は、昭和50年（1975）です。この年は、5次入植者が入るとともに既入植者には5haの追加配分があり、営農方針が田畑半々に変わった初年目の年でした。田畑半々の解釈や指導のあいまいさから起きたものでした。9月8日までに、264haの過剰分の稲を処分（青刈り、踏み倒しなど）して5カ月に及ぶ騒動は終結しました。この騒動の原因は、どちらかというと、行政側にあったと言えます。

2回目は、昭和53年（1978）です。この騒動は1回目と違い入植者側に原因がありました。稲作を拡大したいという入植者の願いを受けて、村議会が制限面積を超える作付けを主導したのでした。

Q．騒動の根底にあったのは何ですか。

A．昭和49年（1974）11月の5haの追加配分は、規模拡大と圃場条件の格差是正（面積と土壌条件）という喜ぶべき面がありましたが、約半分もの畑作が義務付けられたことによる不安がありました。稲作面積を少しでも増やしたいという願いが入植者の心にありました。

Q. 半分の畑作が義務付けられたのはどうしてですか。

A. それは昭和48年（1973）9月、事業団法第20条の1項の基本計画が変更されたからでした。昭和40年（1965）の発令時は、「中央干拓地における営農形態は、当面は水稲単作とし、直播方式を主体とするが、田植機等の開発に応じ、機械移植方式についても考慮する」となっていましたが、昭和48年の改正では「中央干拓地における入植者の営農については、大型機械の共同利用等による田畑複合経営とする。なお、稲作と畑作物の作付けは、当分の間おおむね同程度とする」と変わりました。この法解釈については、訴訟が起こるなど複雑な問題に発展しました。

Q. もう少し詳しく教えてください。

A. この問題はとても複雑で、一口で述べることができませんので、ここでは省略したいと思います。詳しく知りたい方は、『大潟村史』や『ゼロから自治体を創ったらどうなるか?』などを読んでいただきたいと思います。

2、過剰作付けと農地買収

Q．昭和53年（1978）の青刈り以降も作付けオーバー者が出ましたか。

A．昭和51年（1976）に農林省は、「稲作の上限面積を8・6ha」と定めました。昭和54年（1979）と昭和55年（1980）は、8・6haを超えて作付けした人が20人前後いましたが、国の是正指導により期限内に指導に従いました。

Q．是正指導とはどのようなものでしたか。

A．「8・6haを超えて作付けした分は是正してください」と言っても、そう簡単に受け入れる人がいなかったので、切り札は「期限内に是正しない場合は、あなたの15haの農地すべてを買収しますよ」というものでした。買収とは、分かり易く言うと、「取り上げる」ことです。最初は面接によって指導しましたが、終盤になると「買収予告」の文書が郵送されました。田んぼを取り上げられたら大変と、威勢のいい人たちも最後は従ったのです。

Q．農地を買収するということを、なぜできたのですか。

A．それは、入植試験の合格時に、農林大臣と交わした契約書によるもので、その内容は「……事業団法第20条の1項に違反したと認めるときは、所有権取得後10年を限り負担金相当額をもって買収することができる……（意訳）」というものでした。したがって、1次配分地は昭和58年（1983）3月31日まで、2次配分地は昭和62年（1987）3月31日までは買収が可能だったのです（5ページの契約書参照）。

Q. 男澤さんが田んぼを買収されたのはいつですか。

A. 昭和56年（1981）もそれまでのように作付けオーバー者が出ましたが、男澤さんだけは再三の是正指導にも従わず、オーバー分の稲を収穫しました。それにより年明けの昭和57年（1982）1月に、買収通知書が送られてきたのです。男澤さんはこれを拒否したので、訴訟に持ち込まれました。

昭和57年（1982）の作付けでは、今度は長瀬さんが買収されました。これも男澤さんとともに法廷で争われました。2人の訴訟は最高裁まで争われ、丸16年という長い裁判になりましたが、2人は敗訴しました。

Q. その後も作付けオーバー者がいたようですが、買収は行われませんでした。なぜだったのですか？

A. 昭和58年（1983）には16人が未是正（延べ面積24・7ha）、昭和59年（1984）には73人が未是正（延べ面積547ha）でした。しかし、買収はありませんでした。それは、互助方式といって村全体でオーバー分の米を処理したからです。

Q. 互助方式とはどのような内容でしたか？

A これは「すでに収穫した米は、加工原材料米（加工用米）として処分すれば是正として取り扱う」という処理方法でした。青刈りや踏み倒しだけでなく、新しく付け加えられた是正方法の一つでした。

当時の米価は、政府米3類3等米が1万7185円、加工用米が5880円で1万1305円の差がありました。しかし、作付けオーバー者は誰も応じなかったので、村全体で加工用米として処理したのです。

Q 具体的にはどのようなことをしたのですか？

A 2年間の作付けオーバー面積は571・7ha、玄米に換算すると1440tだったので、政府米と加工用米の差額2億9172万円をカントリーエレベーター公社に支払って加工米として処理したのです。この財源は、村民1人5万円の募金と村費から支出されました。村民からは非入植者8人を含む409人から協力がありました。村費の支出は2億7226万円だったので、互助方式は違法として法廷で争われました。

Q 互助方式の目的は、買収者を出さないために行ったのですか？

A いやそうではありません。結果的にそうなったということです。揺れている大潟村の営農問題を心配した佐々木喜久治知事が、稲作の上限面積を8・6haから10haに拡大するよう農林省（現農水省）に働きかけると言ってくれたのです。この条件として、「今までの過剰分は加工用米として処理する」「今後は過剰作付け者を出さない」との二つを付したのです。行政に従って営農を行っていた人たちにとっては、稲作面積10haは喉《のど》から手が出るほどの話だったのです。他人のオーバー分を被っても実現したかったのです。

Q. 買収ができなかったのは人数が多かったためとか、過剰作付け者の運動の成果だとかと言う人もいるようですが……

A. それは違うと思います。行政の基本は公平です。Aを買収して、Bはおかまいなしでは不公平です。昭和58、59年の人を買収しないのであったなら、男澤さんと長瀬さんの買収を取り消さなければ整合性がとれません。したがって、互助方式によって買収が免れたものと私は思っています。

このことは非常に複雑で一口に述べることができません。青刈りと過剰作付け騒動だけでも1冊の本になるぐらいです。詳しいことを知りたい方は、『大潟村史』や『ゼロから自治体を創ったらどうなるか?』などを読んでいただきたいと思います。

Q. その後も作付け問題は治まらないで、年々作付けオーバー者が増えたと言われますが……

A. 作付けオーバー者は、昭和60年(1985):168人、昭和61年(1986):183人、昭和62年(1987):220人、昭和63年(1988):257人と増え続け、平成17年(2005)は314人と最多になりました。誰が言うともなく、作付けオーバー者を過剰作付け者、作付けを守った方を順守者と呼ぶようになりました。過剰派と順守派の割合は約半々で、両派の対立が長く続きました。

Q. あなたはどちらでしたか？

A. 私は一貫して順守派でした。

Q. 順守派は過剰派よりも年間収入が500〜1000万円ほど少ないと言われましたが、なぜ順守の道を選んだのですか。

A. 第1の理由は、もし自分が大潟村に入植していなかったらどんな暮らしをしていただろうかと考えたからです。19ページで昭和39年（1964）当時の古里の生活を述べました。古里にいると、朝早くから晩遅くまで働き、冬は出稼ぎに行ってあくせく働く毎日だったと思いました。大潟村で良い生活ができることに感謝しなければならないと思ったのです。

第2は、減反（生産調整）政策は農家にとって決して喜ばしいものではありませんでしたが、日本の米を守るため仕方がないことでした。減反しないで米を作りたいという気持ちを捨て、みんなで痛みを分かち合ったのです。古里の小さな農家はもちろん全国の農家が痛みを背負って協力しているのに、自分は痛いことはイヤだから誰かやってくれでは、あまりにも身勝手だと思いました。

第3は、父親に「おまえの入植は僥倖《ぎょうこう》にすぎない。うぬぼれてはいけない」と言われたことです。考えてみると、大潟村の入植募集は昭和41年(1966)から同48年(1973)までのわずか8年間だけでした。ちょうどこの時に自分がいたのです。8年早くても8年遅くても私の入植はなかったのです。また、親戚や親に反対されて応募できない人がいるなか、うちの父は快く承諾してくれました。運がよかったのです。

第4は、大潟村の田んぼは先祖から受け継がれたものではなく、国が多額の費用(国民の税金)をかけて造成したものなので、国の指導に従うのが筋だと思いました。

第5は、社会は法によって秩序が保たれています。法やルールが無い場合は、モラルや道義が社会の規範になります。私の道徳観から過剰作付けはエゴだと思いました。

Q. そんな奇麗事を言えるのは、あなたが生活に困っていないからではなかったのですか。明日食えない状態でも過剰作付けをしてはいけないでしょうか。

A. 過剰作付けは犯罪ではありません。経営が悪化し、田んぼを売って離農しなければならない人は過剰作付けをして立ち直るべきです。順守して破産するよりもずっとマシです。つまり、過剰作付けは生計を守るためにやるものであって、自己の儲け主義のためにやるものではないと思うのです。

Q. 大潟村の過剰作付けは、生活を守るための人と儲け主義の人とではどちらが多かったですか。

Ａ：私は一人一人調べたことがないので、よく分かりません。

Ｑ：１年や2年なら我慢できても、20年にもなると、億の差になります。順守して失敗したとは思っていませんか。

Ａ：思っていません。むしろ誇りに思っています。子孫に「うちの先祖は順守派だった」という贈りものができてすっきりしています。

Ｑ：現在の村の状況はどうなっていますか。

Ａ：平成22年（２０１０）に民主党政権が打ち出した「戸別所得補償制度」により、過剰者は年々減り、平成28年（２０１６）からは１００％転作が達成されるようになりました。現在は過剰派対順守派の対立がなくなり、静かな村になりました。今は両派の騒動が過去のものとなり、静かに昔を偲んでいます。

第9章
大潟村の主要施設、情報発信者、応援大使、村民憲章

1、村の主な施設の概要

大潟村には多くの施設や建物があります。主なものを一覧表にすると次のようになります。

〔表14〕大潟村の主な施設（所在地は大潟村を省略）

施設名	所在地	竣工年
大潟村役場	中央1―1	昭和42年（1967）12月26日 ＊昭和63年5月、増築を行い現在の姿に
大潟村公民館	中央1―21	昭和44年（1969）7月22日
大潟村診療所	中央1―13	昭和46年（1971）4月23日
大潟村保健センター	中央1―13	昭和57年（1982）12月10日

村民センター（遊創館）	中央1—16	昭和61年（1986）3月10日 ＊昭和53年建設された建物の隣に増設
村民体育館	北2—1	昭和54年（1979）3月31日
村民野球場	北2—2	昭和55年（1980）11月15日
ふれあい健康館（社福）	北1—3	平成4年（1992）4月1日
多目的運動広場	北1—3	平成4年（1992）3月25日
水道管理事務所（浄水場）	南1—55	昭和63年（1988）3月25日 ＊昭和41年当時の施設を全面改修
大潟村干拓博物館	西5—2	平成12年（2000）4月1日開館
大潟小学校	中央5—4	平成24年（2012）7月19日 ＊昭和43年に建設された校舎を新築
大潟中学校	中央5—4	平成24年（2012）7月19日 ＊昭和45年に建設された校舎を新築
大潟こども園	中央5—4	平成30年（2018）4月1日開園 ＊幼稚園と保育園を統合して新設

第9章

大潟村の主要施設、情報発信者、応援大使、村民憲章

県立大学大潟キャンパス	南2—2	昭和48年（1973）5月30日開学
ポルダー潟の湯（温泉）	北1—3	平成3年（1991）2月28日
サンルーラル大潟（ホテル）	北1—3	平成8年（1996）4月23日
道の駅おおがた	西3—2—3	平成12年（2000）4月28日 ＊産直センター潟の店を平成20年に道の駅に
大潟村農協・農協会館	中央1—5	平成元年（1989）2月26日 ＊昭和42年に農協連大潟村総合事務所スタート
大潟村農協・給油所	西1—6	平成5年（1993）12月6日
大潟村農協・店舗	中央1—5	平成9年（1997）12月12日
大潟村CE公社※	南1—60	昭和43年（1968）9月に1号基竣工 ＊同44年2号基、同45年3号基建設
大潟郵便局	中央1—35	昭和63年（1988）12月 ＊昭和49年2月に旧商店街の前に新築
大潟警察官派出所	中央2—7	昭和49年（1974）1月17日
男鹿地区消防署大潟分署	東2—2—2	昭和54年（1979）9月5日

大潟土地改良区事務所	中央3—9	昭和60年（1985）4月5日 ＊昭和48年8月設立
特養老人ホームひだまり苑	西3—3	平成13年（2001）4月1日開所
南秋つくし苑大潟分場	西3—3	平成20年（2008）4月25日開所
大潟漕艇場（ボート場）	西野190	昭和58年の高校総体に合わせ整備が進む
大潟村水上スキー場	方口150	平成11年のワールドゲームスに合わせ整備が進む
ソーラースポーツライン	方上～東野	平成6年（1994）4月17日

※カントリーエレベーター公社の略

2、大潟村情報発信者入村事業

この事業は平成6年（1994）に、大潟村文化情報発信者招聘《しょうへい》事業として始められました。大潟村は入植者の村のため、農家中心の単一社会の傾向にありました。いろいろな知識や技術を持った人たちを入植させ、多様性のある村にしたいと、2代目村長宮田正馗氏が文化人入植を考えて公募したのでした。平成6年1月31日に3名が選定され、平成20年（2008）まで10名が入村して活動しています。平成16年（2004）12月に情報発信者入村事業と名前を変更しました。

奨励措置として、①土地700㎡を無償貸与すること。②2年以内に自分で住宅建築をすること。③住居を建築し12年間居住すると、宅地を無償譲渡すること。④諸活動について上限10万円を助成することなどがあります。東3―4が情報発信者の住区になっています。現在も募集していますので、奮って応募してほしいと思います。詳しいことは大潟村役場総務企画課にお尋ねください。

3、大潟村応援大使

この大潟村応援大使事業は平成23年（2011）度に始まりました。各界各方面で活躍している方々から、自身の活動を通して大潟村を発信、紹介していただくための制度です。今まで大使に委嘱されている方は次の19名です（敬称略）。

①山本久博《ひさひろ》（ソーラーカー）②飯田哲也《てつなり》（再生可能エネルギー）③伊藤次男（ボート）④小笠原暠《こう》（鳥類研究）⑤白石建雄《たてお》（地質学）⑥宮元均《みやもとひとし》（農業農村工学）⑦佐藤敦《あつし》（土壌肥料学）⑧白川恵子（農業グリーンツーリズム）⑨篠塚《しのづか》健次郎（電気自動車）⑩髙崎隆雄《たかお》（電気自動車）⑪本間徹《とおる》（水上スキー）⑫呉地正行《くれちまさゆき》（鳥類保護）⑬押尾川旭《おしおがわあきら》（大相撲）⑭YOSHITAKA（ダンス）⑮乃木坂《のぎざか》46鈴木絢音《あやね》（芸能）⑯佐藤了《さとる》（農業経済）⑰原義彦（生涯学習）⑱アント

ンボキュルブ（国際交流）⑲ローランドリーウィル（国際交流）

4、村民憲章、村の木・花・鳥

昭和59年（1984）の村創立20周年記念事業で、村民憲章、村の歌、村の木・花・鳥が定められました。

〔村民憲章〕

私たちは、世紀の干拓によって誕生した新生の大地にあいつどい、理想の村づくりをめざす大潟の村民です。

この村に生きる喜びと誇りを持ち、連帯と協調によって、真に豊かで住みよい郷土の建設と発展を願い、この憲章を定めます。

一、水と緑の自然をそだて、美しく住みよい村をつくりましょう。
一、心とからだをきたえ、健康で明るい村をつくりましょう。
一、はたらくことに誇りと意欲を持ち、豊かな村をつくりましょう。
一、教育と文化を高め、生きがいのある村をつくりましょう。
一、家庭をいたわり郷土を愛し、心のかよう村をつくりましょう。

〔村の木・花・鳥〕

村の木：「黒松」　　村の花：「サルビア」　　村の鳥：「白鳥」

この村民憲章や村の木・花・鳥が定められてから40年近く経ちました。令和6年（2024）は村創立60周年を迎えます。この機会に見直しを検討してみてはどうでしょうか。村民憲章は特にありませんが、村の木・花・鳥は一考の余地があります。大潟村の桜並木と菜の花ロードは一躍有名です。木は松くい虫が目立つ黒松よりも「桜」が良いように思います。鳥は何といっても「オオセッカ」か「チュウヒ」を挙げたいです。

第10章　大潟村なんでもQ

この章では、なんでも疑問に感ずることを順序不同でQ＆Aにしてみました。

【土地の売買】

Q．「大潟村の土地は誰でも購入できるの？」とよく聞かれますが……

A．この話はよく耳にします。田んぼの売買が自由になったことは133ページで述べましたが、宅地や建物も同様です。現在、大潟村では100戸以上が離農しています（132ページ参照）。このなかには村から転出した人もいるので、空き家や空き地があちこちに見られるようになっています。現在、村では移住対策に力を入れており、空き家を購入して入居する人にはリフォーム代を助成しています。空き地を購入して住宅を新築する場合も助成があります。大潟村は自然が広がっています。大潟村の大地に住むと心が安らぎます。この本を読まれた方は、ぜひ大潟村の移住を考えてみてはどうでしょう。助成制度などは大潟村役場総務企画課に相談されることをお勧めします。

これとは別に、宅地分譲や情報発信者の入村事業も行っているので、これもぜひお尋ねしてください。

【県道42号線の八竜側に橋がないのは？】

Q．大潟村は湖に囲まれているので、「新生大橋」「大潟橋」「潟端《かたばた》橋」「祝田《いわいだ》橋」「野石橋」「五明光《ごみょうこう》橋」の6橋によって周辺市町とつながっています。しかし、旧八竜町大曲（現三種町）方面にだけは橋がなく、地続きになっています。これはどうしてですか。

A．東部承水路と西部承水路を遮断《しゃだん》（分離）するために橋にしなかったのです。東部承水路は、海面よりも＋1・0m～＋0・5mの範囲内に水位が保たれるようになっています。西部承水路の西岸には堤防がないので、東部承水路とつなげると水位が増して既存の田んぼが浸水してしまいます。ですから西部承水路の水位は常時＋0・35m～＋0・25mに保つようになっています。このため浜口機場を設けて水位の調整を行っているのです。

【西部承水路西岸の実情】

Q．西部承水路の西岸（旧若美町側、旧八竜町側）には堤防がありません。なぜ造られなかったでしょうか。

A．これは前項と関連する話です。西部承水路西岸には地先干拓地が造られなかったので、必要がなかったからだと思います。基本的に堤防は干拓地に造られるものですから、東部・西部・北部・南部のような干拓地がなければ造らないわけです。しかし、東部承水路とつなげてしまえば既存の田んぼが浸水してしまいます。そこで考え出されたのが、前項で述べたように、西部承水路を閉鎖して水位を＋０・35ｍ～＋０・25ｍに保つような方法をとったものだと思います。

【大潟村の橋】

Q. 前にあるように大潟村には周辺市町と結ぶ橋のほか、村内にも多くの橋があります。１番早く完成した橋はどれですか。また、大潟村にはどのような橋がありますか。

A. １番早く完成した橋は「新生大橋」で、昭和37年（１９６２）４月に完成しました。２番目は「野石橋」で、昭和38年（１９６３）12月に完成、３番目は「祝田橋《いわいだはし》」で、昭和39年（１９６４）９月に完成しました。

大潟村には、周辺と連絡する６橋のほか、村内にも多くの橋があります。どの橋にも鳥の名前が付けられていますが、今では村民から忘れられた存在になっています。橋の名称・完成年・位置図を保存するため、表15と図３を掲載します。この資料がなかなか見つからず探したところ、畠山政雄さん（東２―１）が保存していました。

〔表15〕大潟村の橋梁名

橋梁名	完成年	延長など
◇承水路に架かる橋		
新生大橋	昭和37年（1962）4月	435・0m
大潟橋	40年（1965）11月	493・1m
野石橋	38年（1963）12月	40・57m
五明光橋	39年（1964）	40・57m
祝田橋	39年（1964）9月	40・57m
潟端橋	40年（1965）	県道42号線と重複
◇幹線排水路の橋		
御幸《みゆき》橋	42年（1967）12月	110m。県道298号と重複
北の橋	42年（1967）	110m
南の橋	42年（1967）	110m

◇県道42号線の橋		
白鳥橋	40年（1965）	
白鷹《しらたか》橋	40年（1965）	
はと橋	41年（1966）	H1幹線用水路横断橋梁
隼《はやぶさ》　橋	40年（1965）	
こまどり橋	41年（1966）	H2幹線用水路横断橋梁
◇県道298号の橋		
鵯《ひよどり》　橋	41年（1966）？	
◇県道54号線の橋		
目白橋	39年（1964）	
葦切《よしきり》橋	41年（1966）	
千鳥橋	41年（1966）	
雲雀《ひばり》橋	41年（1966）	

鶯《うぐいす》 橋	41年（1966）3月	
◇村道にある橋		
綾《あや》橋	41年（1966）3月	旧2級幹線道路に架橋
西野橋	42年（1967）	〃
方口橋	42年（1967）	〃
東野橋	43年（1968）？	A2―1支線排水路に架橋
みずほ橋	43年（1968）？	E2―2幹線用水路に架橋

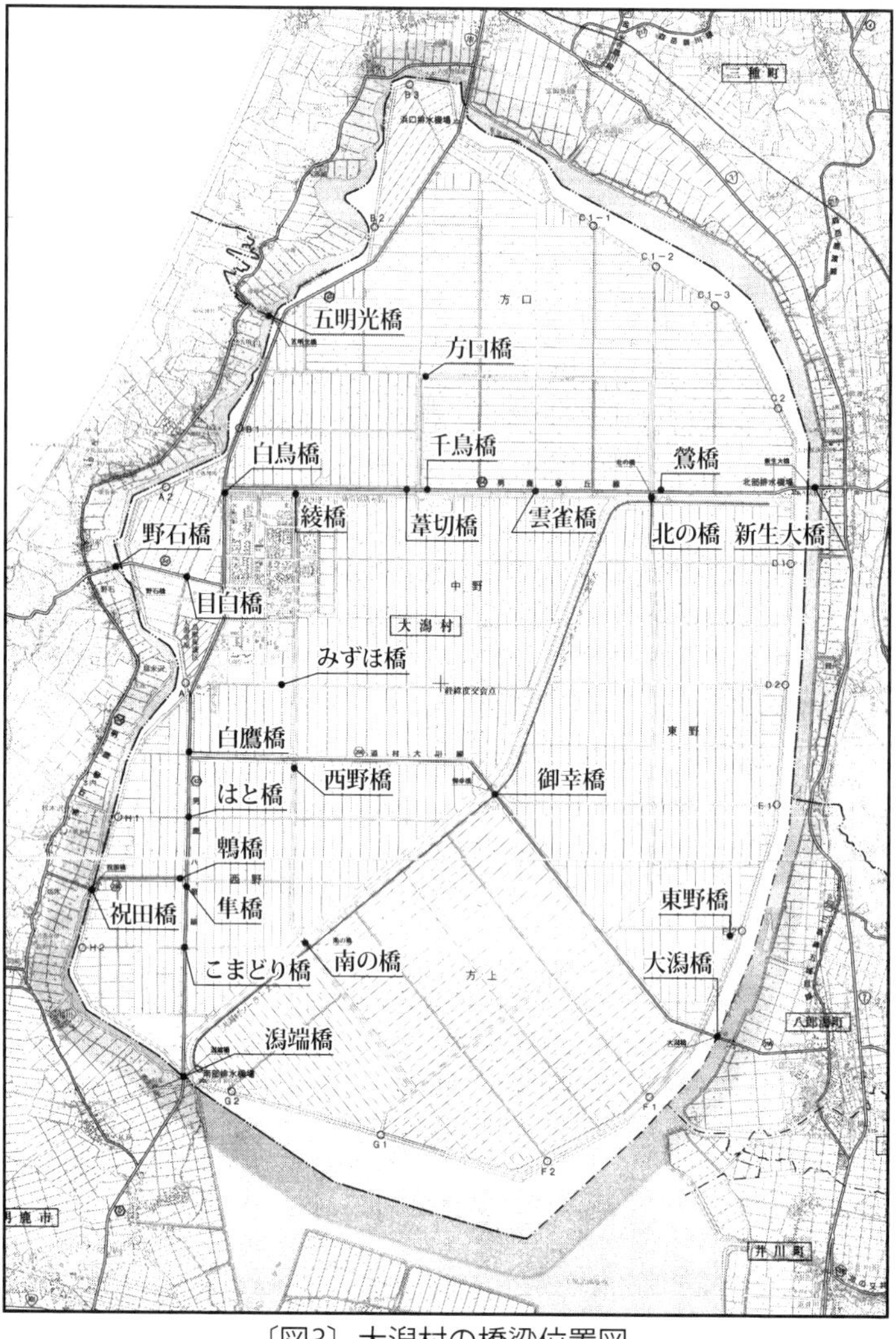

〔図3〕大潟村の橋梁位置図

【世界銀行からの融資】

Q. 八郎潟を干拓する際、日本はお金がなかったので、世界銀行から融資を受けたとの風聞を耳にしましたが事実ですか。

A. 結論からいうとなかったようです。この話が出たのは昭和29年（1954）の春だったといいます。世界銀行の融資額は10％程度だけだったのに、工事用の機械を買えという話ばかりが出て、メリットがなく打ち切りになったとされます。この頃の日本は戦後復興が進み、干拓に予算を計上するだけの力がついていました。（参考：「生まれ変わる八郎潟」）

【農業用水利権】

Q. 農業用水利権はいつ認められましたか。

A. 農業用水利権は、昭和57年（1982）6月30日付で、農林大臣（現農水大臣）が持つことになり、入植者及び周辺農家が使用できることになりました。

八郎潟の場合は元来、二級河川馬場目川水系の一環として建設大臣（現国交大臣）の管理下にあったので、昭和43年（1968）5月以来、農林省、建設省、秋田県の3者が協議を重ねてきた結果、ようやく合意に達したのでした。これにより、中央干拓地1万1755ha、周辺干拓地1047ha、周辺既存農地1153haへの水利権が認められたのです。

【漁業権】

Q．八郎潟の漁業権は消滅したと聞いていますが事実ですか。現在も漁業をしているようですが……

A．漁業権は昭和32年（１９５７）12月26日に消滅しました。八郎潟の漁業補償は昭和32年8月23日の第1回交渉から、12月21日の第5回交渉まで行われ、12月26日に補償総額約17億円で妥結しました。そして、農林大臣・赤城宗徳、八郎潟利用開発期成同盟会長・二田是儀、秋田県知事・小畑勇二郎の三者によって、「八郎潟干拓事業に伴う漁業関係補償の実施に関する覚書」が交わされました。この時点で漁業権は消滅したとされます。

現在の漁業は許可制によって行われており、八郎湖増殖漁業組合が設立されて漁業を行っています。（参考：『八郎潟干拓事業誌』）

【大潟村の野鳥】

Q．大潟村は野鳥の宝庫と言われていますが、その概要を教えてください。

A．大潟村で現在確認されている野鳥の種類は２７２種で、男鹿国定公園の２１３種を超えます。これは周辺市町と水で隔てられ、連絡道路は橋しかなく半分孤立した状態です。また大半が耕作地で森林がありません。このため、ツキノワグマなどの大型肉食獣の生息に適していません。一方で見晴らしのいい広大な耕地には、穀物があり、落穂があり、それらを餌《え》とする多くの昆虫や小動物、鳥類が集まります。また、防風林や公園、大小の水路など多様な環境も兼ね備えています。大潟村は鳥類にとって最適な生息場所であるようです。

村の代表的な鳥類を挙げると、チュウヒ、オオセッカ、アリスイ、コジュリン、ハクガン、シジュウガラガン、オオタカ、オジロワシ、ノスリなどです。時にはタンチョウ（特別天然記念物）が飛来することもあります。チュウヒはタカの一種で草原のタカと言われます。日本では珍しい鳥で、繁殖地は大潟村です。オオセッカは生息地が極めて少なく幻の鳥になっています。昭和48年（1973）に大潟村農協職員の西出隆さん（故人）が生息を発見しました。大潟村は日本で数少ない営巣地です。アリスイは本州では大潟村でしか繁殖しない貴重な鳥です。ハクガンは大潟村で99％越冬すると言われています。（参考：干拓博物館「堤朗さん写真展」）

【鳥獣保護区】

Q．前項の野鳥に関連しますが、「大潟草原鳥獣保護区」について概要を教えてください。

A．国指定大潟草原鳥獣保護区は、南の池の北西側（西部承水路側）にあります。昭和52年（1977）3月に環境庁がわが国では初めて国設鳥獣保護区に設定しました。保護区の面積は135haで、このうち48haは特に重要な地区として特別保護区になっています。保護区内には、前項で述べたように世界的に珍しいオオセッカ、タカの一種で日本では珍しいチュウヒ、ホオジロの一種であるコジュリンなどの希少鳥類のほか、約200種の野鳥が生息する楽園になっており、観察舎が設けられて気軽に野鳥を観察することができます。

特別保護区の用地は県有地になっています。設定に当たって、環境庁は県有地にすることを前提にしており、県が国から買い上げたのでした。価格は2億2164万円でした。

【南の池】

Q. 南の池は人工的に造られた池のようですが、いつ・だれが・何の目的で造ったのですか。

A. 『大潟村史』に、「昭和43年(1968)11月9日に、清風会(老人クラブ)の会員の手によって、明治百年を記念し、南の池近くに大島桜と吉野桜を合わせて100本を植樹した」と載っていますが、それ以前の記録は見当たりません。

寺田光雄さん(東2―5)は、昭和40年(1965)6月から同42年10月まで、農地開発公団にブルドーザーのオペレーターとして勤められました。「南の池の東側にブルを入れる小さな建物がありました。ブルの洗車は、南の池に入って走行すると泥が奇麗に落ちました」と話してくれました。もうこの頃は池が出来ていたようです。

また、吉田日出夫さん(西1―1)は、昭和41年(1966)当時、建設会社の社員としてカントリーエレベーター公社のサイロ建設に携わっています。「昭和41・42年頃に南の池の場所を浚渫船《しゅんせつせん》で土砂を掘り出していたことを覚えています。記憶をたどると、その土は近くの用水路や道路などの用土として使用されたようでした」と話しています。

私の想像になりますが、当初は池を造ることが目的ではなく、採土のために掘り下げられ、そこに水がたまって池になったように思います。その後、次項の南の池公園の建設と合わせてさらに整備が進んだものと思われます。村内唯一の池です。

夏になるとハスの花が咲き、池を彩ります。

【南の池入植記念公園】

Q．南の池の隣に「南の池入植記念公園」がありますが、いつ・だれが造ったのですか。

A．南の池公園は、事業団が干拓工事の完工を記念して昭和51年（1976）に造った公園です。これと同じ趣旨で三種町には「三倉鼻農村広場」が造られました。
公園内には、事業団が工事の完了を記念して建立した「洋々たり新天地」（昭和51年10月）の記念碑があります。また、堤防築造工事の際に活躍した「浚渫船《しゅんせつせん》・呑竜《どんりゅう》」に取り付けられたカッター（泥を掘削した回転刃）が展示されています。

開園当初は、南の池公園でしたが、令和元年（2019）に「南の池入植記念公園」と改称しました。名前に相応して入植者に関した記念碑が建てられています。「八郎潟干拓地入植記念碑」（平成元年建立）は、入植者全員の名前を刻んだ記念モニュメントで、「我ら この地に 入植す」と刻まれています。このほか、「第三次入植者五十周年記念碑」（平成30年建立）

や「第四次入植者五十周年記念碑」(令和元年建立)などが建っています。3次と4次の記念碑には夫婦の名前も刻まれています。これらの記念碑の碑文は、215ページにまとめて掲載しました。令和5年秋には「第五次入植者五十周年記念碑」の建立が予定されています。

春は桜やツツジ、夏はキャンプもでき、多くの人たちに親しまれています。

【船越水道】

Q. 現在の船越水道は、八郎湖の水が直線的に日本海へ注ぐように造られています。元の船越水道と比べてどのぐらい短くなりましたか。

A. 現在の船越水道は昭和39年(1964)1月22日に貫通しました。元の水道は約4000mの長さがあり、蛇行していましたが、新水道は約1900mとなり、直線的に海とつながったため水の流れが良くなっています。旧水道の河口部は砂山となり、地形が大きく変化しています。

【ポルダー潟の湯】

Q. 大潟村の温泉はとても好評で、多くの人が訪れていますが、正確な名称は何と言いますか。また、「ポルダー」や「モール」の名前が付けられていますが、この意味も教えてください。

A. 温泉の正式名称は、「大潟村温泉保養センター・ポルダー潟の湯」です。ポルダーはオランダ語で干拓地という意味です。モール温泉は湯質のことを指しています。モールは、ドイツ語で沼や湿原を意味する言葉で、転じて「植物の堆積物を多く含む温泉」のことを言います。温泉源は、500万年前の海水が地下の層に溜まったものです。500万年前は新第三紀と呼ばれ、哺乳類が栄え被子植物の全盛期で、緑豊かな草原が地球上を覆ったと言われます。その植物が腐植質となり、温泉に溶け込み黄金色のモール温泉となったのです。火山活動に由来する温泉とは異なり、植物由来の温泉は全国的にみても数少なく、秋田県内では大潟村の温泉だけと評価を受けているようです。

【大潟村カントリーエレベーター公社】

Q. 大潟村のシンボルとも言えるカントリーエレベーターについて内容を教えてください。

A. 名称は「株式会社　大潟村カントリーエレベーター公社」といいます。施設の内容は、乾燥機と貯蔵用のサイロをエレベーターでつなぐ大型倉庫です。サイロは厚さ20㎝のコンクリート製で、直径8m高さが30mあります。1基に10本のサイロがあり、5000tの乾籾を貯蔵できます。

昭和43年（1968）9月、1次入植者の収穫に合わせて1号基が完成しました。翌44年には2号基、さらに45年（1970）には3、4号基が建設され、現在は8号基あります。籾だけでなく、大豆・大麦・小麦も受け入れています。

昭和45年に事業団から譲渡を受け、県経済連、全農、秋田県、大潟村などが出資して「株

式会社 八郎潟カントリーエレベーター公社」を設立し、昭和60年（1985）3月に今の社名に改称しました。現在は、利用者（270名）、大潟村、大潟村農協、全農が株主になっています。

カントリーエレベーターの特徴は、サイロに籾が低温貯蔵されるので、夏場になっても鮮度が落ちないことです。必要に応じて籾摺《もみす》りして出荷されるので、いつでも新鮮なお米を食べることができます。また、有機栽培米や減農薬・減化学肥料栽培米なども取り扱っています。

【防風林のポプラと黒松】

Q. 村の防風林にイタリア・ポプラと黒松が植えられていますが、なぜポプラと黒松が選ばれたのですか。

A. 昭和39年（1964）4月16日に秋田県林政課は、約135万円の予算で干拓地の防風林に、イタリア・ポプラの苗木を植林しました。これは、東大農学部の横山教授の指導で、イタリア・ポプラ、プラタナス、ニセアカシヤ、ハルニレ、クロマツ、スギ、ケヤキの7種類を試験植林したところ、イタリア・ポプラの生育が1番良かったので採用されたのでした。

黒松は、昭和39年（1964）9月15日の干陸式の際、神事の終了後に関係者によって記念植樹されました。現在、赤城宗徳農林大臣、吉武恵市自治大臣、小畑勇二郎秋田県知事、デフォグト駐日オランダ大使、ヤンセン教授のお手植え松が生長しており、5氏の名前を刻んだ石柱が建てられています。また、近くには一般の人たちによって６００本の黒松が植樹されました。

このようなことから、ポプラと黒松が組み合わされされたようです。現在、黒松は大潟村の木になっています。

なお、昭和48年（１９７３）5月11日には、常陸宮ご夫妻が「経緯度交会点標示塔」を訪れた際、黒松を記念植樹しています。（参考：『大潟村史』）

【経緯度交会点標示塔】

Q. 経緯度交会点標示塔が建っている場所は、実際の位置よりもズレていると言われますが……

A. この標示塔が建っている場所は、北緯40度と東経１４０度が交わる地点です。日本の陸地では、10度単位で緯線と経線が交差する地点はここだけです。干拓前は湖の上だったので、特に話題になりませんでしたが、干拓されて陸地になったことにより、一躍注目されるようになりました。

ところが、標示塔は当時の測量基準（日本測地系：明治時代に定められた測量の基準で２００２年まで使用）によって設置されたものであり、現在の測量基準（世界測地系）によると、４３０ｍほど南東に離れた地点が交会点と言われています。

【桜並木と菜の花ロード】

Q.「桜並木と菜の花ロード」はとても有名ですが、いつ植えられたのですか。

A.桜並木と菜の花ロードは県道298号線（道村大川線）にあります。約11㎞に渡り桜並木と菜の花が続いています。桜はソメイヨシノ約1200本、八重桜約900本、紅山桜約900本、全部で約3000本あります。これは村創立20周年記念事業として、昭和59年（1984）から3年間に亘り、村民1人1本を植樹したものです（村創立50周年事業で追加植樹）。菜の花は、年金受給者の会の「耕心会」が毎年栽培の手入れを行っています。

菜の花が終わると、これをすきこんでヒマワリを植えます。8月になると菜の花ロードはヒマワリロードに変わります。

この菜の花について『大潟村史』に面白い話が載っているので紹介します。

平成3年（1991）、村民のある葬儀の際、控え室で宮田村長が「村の景観作物を考えているが、何か良いものがないだろうか」と生田議長と戸堀耕心会長に尋ねたところ、生田議長は青森県横浜町の菜の花を思い出し「菜の花はどうだろうか」と提案。戸堀会長はすかさず「菜の花をやるなら耕心会にまかせてもらえないか」というやり取りがキッカケで菜の花の栽培が始まったとされます。

現在は方々から多くの観光客が訪れ、車が渋滞するほど人気を呼んでいます。これとは別に、サンルーラル大潟（ホテル）北側の特設会場では、菜の花まつりが毎年行われています（213ページ参照）。

【ソーラースポーツライン】

Q．村にはソーラースポーツラインという他に例のない施設がありますが、いつ出来たのですか。長さはどのぐらいありますか。

A．「21世紀に向けたクリーンエネルギーの探求」をテーマに、平成5年（1993）8月1～3日の3日間ワールド・ソーラーカー・ラリー大会が開催され、世界的に高い関心を呼びました。

しかし、公道を使用するため数々の問題点があり、専用コースの必要性が出てきました。そして翌6年4月17日、現在のコースが完成しました。全長15・5㎞（往復31㎞）、幅は片側7ｍのアスファルト道路で、ソーラーカー専用コースとしては世界で初めてのものでした。総工事費は16億8000万円でした。

毎年7月末から8月にかけて大会が開かれます。ソーラーカーのほか、ソーラーバイスクル、自転車、エコノムーブ（電気自動車・燃料電池自動車）などの競技にも使用されています。

【村初期の保育】

Q．大潟小学校の開校は昭和43年（1968）11月1日です。1次入植者の入村は昭和42年

（1967）11月だったので、学校が完成するまでの1年間は、隣村の野石小学校（閉校）、潟西中学校（閉校）に通ったことが90ページに掲載されています。保育園や幼稚園はどのようにされたのでしょうか。

A. 大潟村役場が完成して業務を開始したのは昭和42年（1967）12月26日です。翌43年（1968）4月に、役場庁舎の2階に簡易保育所を開設し、満2歳から5歳まで28人の保育を行いました。その時の先生は、藤田ノリ子さんと田中淑弘《よしこう》さん（西3―2）でした。昭和44年（1969）1月からは小学校の一教室で保育業務を行いました。

その後、2、3歳児の保育は、各地区に建設された児童館で、無認可保育所として業務を行いました。運営は大潟村社会福祉協議会が行いました。昭和54年（1979）4月1日、保育園舎が完成し大潟村立保育園として認可されました。一方、幼稚園の方は、昭和44年1月1日に認可され、園舎は昭和48年（1973）1月21日に完成しました。

保育園と幼稚園は別々の建物でしたが、平成30年（2018）4月1日に大潟村認定こども園となり、新しい園舎が完成しています。

【アシ（葦）の播種】

Q. アシの種をヘリコプターで播種したと聞きますが本当ですか。

A. 干陸初期の土壌の乾燥を図るため、昭和40年（1965）、干拓地中央部を中心に約

３０００haにアシ（葦）の種をヘリコプターで散布しました。これは、オランダの干拓地で長年の実績があることを参考にして行われたものでした。アシの盛んな植生は現在も変わらず、至る所に生い茂っています。

【イタチの移入】

Q. かつてネズミの被害対策としてイタチを移入したと聞いていますが、現在はどうなっていますか。

A. 昭和42年（１９６７）９月28日、事業団はネズミ被害対策としてイタチを放すことになり、翌43年４月に奄美大島から36匹のイタチが空輸されました。現在どのぐらいの数になっているか正確には分かっていませんが、田んぼで時々目にするので、数が増えているようです。このイタチは昭和43年当時のものの子孫と考えられています。

【草魚の放流】

Q. かつて排水路の水の流れをよくするため草魚を放流したと聞いていますが、現在はどうなっていますか。

A. 大潟村の排水路は、ヨシ・ガマなどが茂り、水の流れが悪くなるので、この繁殖を抑えるため草魚が放流されました。草魚は中国産のコイ科の魚で、１日に体重分の草を食べることに注目されたのでした。１回目は昭和48年（１９７３）10月13日に約４５００匹、２回目は同50年（1975）10月に約5000匹、3回目は同51年（1976）10月に約1万匹放流されました。

しかし、湖の浄化作用に役立っている水草を食べることや排水路の法面の崩壊を起こすなどの悪影響が出るようになったため、現在は雷魚、ブラックバスなどとともに捕獲魚の対象になり、中央幹線排水路と一級幹線排水路内の魚は、大潟村農地・水・環境保全向上対策推進会議が業者に委託して捕獲しています。捕獲した魚は、外来魚等魚粉加工作業場（東4丁目65）で魚粉肥料として加工されています。

【畜産団地】

Q．大潟村には畜産団地がありましたが、現在はどうなっていますか。

A．八郎潟新農村建設事業団は、昭和52年（1977）3月31日に工事を完了して解散しました。5次入植者を入れるとともに既入植者には5haの追加配分を行いましたが、かなりの残地があったので、そのほとんどを秋田県が所有しました。面積の多い場所は方上地区（大潟村字方上）の560haでした。県は当初県単事業で35戸の農家を入植させる予定でしたが、昭和53年（1978）に玉川ダム移転農家9戸の入植のみで、生産調整政策の関係から残り27戸の入植分は宙に浮いた状態でした。

ここで浮上したのが、雄和町にある畜産施設を大潟村に移転することでした。そして、昭和58年（1983）8月3日に県畜産農業協同組合連合会の畜産団地（放牧場）148haが完成したのです。総事業費は17億7759万円でした。

この畜産団地は、平成14年（2002）8月に、農業法人「オーガニックファーム・大潟」（会員8人）に約12億8000万円で売却されました。現在は個人の田んぼになっています。

【生態系公園】

Q. 生態系公園はいつできたのですか。また、その内容を教えてください。

A. 生態系公園は秋田県の施設です。平成3年（1991）9月25日に約42億円をかけて完成しました。名称は「県生物資源総合開発利用センター」ですが、通称・バイオミックエリアと呼ばれ、「バイオテクノロジー等の先端技術と地域資源を生かした農業の確立」を目指して整備されました。「農業技術交流館」「遺伝資源開発利用センター」「生態系公園（デモンストレーションファームを含む）」からなっていました。

現在は施設の内容が変わり、生態系公園が主体になっています。名称も秋田県農業研修センター「生態系公園」となり、四季を通じて多くの人に親しまれています。8・6haの敷地に、秋田県の代表的な自然植生を再現した野外公園と、熱帯系植物を1年中楽しめる観賞温室が配置されています。

Q. 農業技術交流館は、現在どのようになっていますか。

A．農業技術交流館が建っている場所には、かつて入植訓練所がありました。訓練所を解体して交流館を建てて、バイオミックエリアの中心施設としましたが、平成26年（2014）に秋田市雄和の秋田県農業研修センターに移転しました。令和3年（2021）から建物の一部を「東北農政局 八郎潟農業水利事業所」が使用しています。令和5年度は19人の職員が業務を行っています。

Q．遺伝資源開発利用センターは、現在どのようになっていますか。

A．この施設も廃止されました。建物は県農業試験場生物工学部などに使用されましたが、これも廃止になり、現在は、「農福連携サポートつくし」の看板が掛けられ、南秋つくし苑大潟分場が使用しています。隣にあった種苗センターの施設には、現在「秋田県農業公社」が入っています。

Q．生態系公園にも変化が出てきているように聞いていますが……

A．唯一残った生態系公園も令和5年（2023）度に入り、県が村に無償譲渡する方向で検討されているようです。村の運営になれば、温室は維持管理費の負担が大きいため、廃止されることになるといいます。村内だけでなく、村外からも親しまれている温室がなくなることは残念なことです。42億円をかけて鳴り物入りで建設されたバイオミックエリアも30年の時の流れにより大きく変わりつつあります。

【方口の地名】

Q. 大潟村の北方向の地名がなぜ方口なのですか

A. 八郎潟周辺の地域名が初めて文献に登場するのは、平安時代の「三代実録」です。これには、方口《かたぐち》（浜口地区）、河北《かわきた》（鹿渡地区）、大河《おおかわ》（一日市・大川地区）、姉刀《あねたち》（五城目地区）、堤（井川地区）、方上《かたがみ》（昭和・天王地区）の名前があります。大潟村の「方口」「方上」の地名は、これに由来して付けられました。潟上市の名称も方上に基づいたようです。

さて、この方口は潟口であり、八郎潟の水が日本海に流れる出口（水道）を表したものと思われます。大潟村干拓博物館には「八郎潟の成り立ち」の図が掲示されています。これを見ると4000〜2000年ほど前までは、船越水道だけでなく、北西方向にも日本海とつながる水道があったことが分かります。これは縄文時代後期から弥生時代です。この頃の水道は、船越水道よりも大きかったと考えられています。

さて、水道の場所はどこだったのでしょうか。地形から見て、私は3カ所を挙げたいと思います。1番目は、「砂丘温泉ゆめろん」（三種町）の南側です。西部八郎湖がぐんと日本海方向に入り組んで、いかにも水道があったような感じになっています。この地区の地名は「大口」といいます。大口とは、八郎潟の大きな口（出入口）を表現したものだと推測します。2番目は、下五明光付近（男鹿市）です。ここも同様に、水道があったような低い地形になっています。3番目は、柳原付近（同）です。聖農・石川理紀之助は明治30年（1897）に著した『潟西村旧蹟考』に、「柳原は元河川敷であった……玉ノ池には、昔、川の名残と思われる大きな池があった……」などと書いています。この池（堤・沼）は、昭和40年代前半に埋め立てられ、現在は田んぼになっています。

このように何カ所かに水道があったようです。従来の道路と国道101号を併せながら車を走らせてみると地形の変化が分かります。

秋田地学教育学会会員の渡辺晟《あきら》氏（潟上市）は、「数カ所の水道のうち最後まで残ったのは柳原付近と思われる」と語っています。

【ヘドロ土壌】

Q. 大潟村の土壌はヘドロと呼ばれていますが、どうしてこの名前が付いたのですか。

A. ヘドロは、湖底に滞積した微粒子の粘土質土壌のことで、八郎潟周辺の人たちが昔から呼んでいた言葉のようです。ヘドロというと、工業廃水（特に製紙工場のパルプ廃液）が沈積した公害物質を連想しますが、これとは歴史的にも内容的にもまったく異なるものです。語源は定かでありませんが、北海道から九州まで広く使用されているとされます。これと似た言葉に、「ヒドロ田」があります。私の古里では、湿田のことをヒドロ田と呼んでいました。ヒドロ田は、昔の農書にもみられ「卑泥田《ひどろた》」と記述されているようです。

これはさておき、ヘドロは悪いイメージを連想するので、大潟村ではなるべく使用しないようにしています。これに代わり「重粘土質土壌」の言葉を使うようになっています。この土壌は、ミネラル質を多く含んだきわめて肥沃な土質で、入植初期は肥料がほとんど必要ありませんでした。

【八郎潟レストハウス】

Q. 昭和44年（1969）の秋田博の時に造られた八郎潟レストハウスはいつ無くなったのですか。

A. 秋田農業大博覧会（秋田博）が昭和44年8月2日から9月25日まで55日間開催され、大潟村は第二会場となりました。この秋田博用に建設されたのが、「公民館」「展示用の三角屋根住宅」「八郎潟レストハウス」でした。その後、八郎潟ガーデンと改称し、秋田県観光物産公社が運営しました。昭和57年（1982）7月に大潟村が取得し、管理運営を山本町（現三種町）のホテル森山館に委託して八郎潟観光パレスとして8月22日に新装オープンしました。平成28年（2016）に村の定住化促進事業（宅地分譲）が中央3番地の地域に実施されることになり、村が買い取り建物は解体されました。付近一帯は住宅が立ち並んで大きく変貌しています。

【八郎潟の名称の変遷】

Q. 八郎潟の名前が最初に出てくる本は何ですか。また、名称の変遷を教えてください。

A. 八郎潟の名称の変遷を箇条書きにして述べると次のようになります。

①「新方」として初登場

八郎潟が文献に初めて登場するのは、平安時代の931～938年に編集された『倭妙《わみょう》抄《しょう》』です。この中に「新方」「方上《かたがみ》」「方口《かたぐち》」「志万太郎《しまたろう》」などの名前が記されています。新方は八郎潟、方上は船越・天王地区、方口は旧八竜町地区、志万太郎は男鹿半島を指したものと解釈されています。

②「秋田大方《あきたおおがた》」として『吾妻鏡《あずまかがみ》』に登場

250年ほど時代が下った鎌倉時代の1180～1266年に編集された『吾妻鏡』に「秋田大方」として名前が出てきます。秋田大方は八郎潟を指しているようです(吾妻鏡の記載は次項に掲載)。

③「八郎潟」の名前が初登場

江戸時代に入ると、「八郎潟」「八龍湖」「八郎湖」「舟越湖」「小潟」「大潟」の名前で呼ばれたようです。まだ定まった名前がなかったからだったと思います。

こうしたなか、江戸後期の四つの書(本)に「八郎潟」の名前が掲載され、次第に八郎潟と呼ばれるようになったようです。４書を紹介します。

㋐津村淙庵《つむらそうあん》著『阿古屋之松《あこやのまつ》』（天明元年＝１７８１）

「……九月二十日、申《さる》の時（午後四時頃）ばかりに舟越という所に至る。八郎潟という海に続きたる四里に七里の湖水あり、此の国のことばに、水うみ（湖）を潟と言っている」とあります。

㋑高山彦九郎著『北方日記』（寛政２年＝１７９０）

「……堀川、中野、下刈に茶屋一軒有り。大清水北辺より左に八郎潟とて、南北八里、東西四里の潟を見て行く。新関を過ぎ大久保の町並みなり」とあります。

㋺菅江真澄《すがえますみ》著『雪の道奥《みちおく》雪の出羽路《いでわじ》』（享和元年＝１８０１）

「……このあたり（鹿渡浜村）の漁師の家では、氷の下での網引漁をするために漁師の夫婦は忙しそうで、男は縄をない網をくくり準備している。（中略）なお、八龍の湖伝いに進んだ。この土地の人は八郎潟と言っている」とあります。

㋩伊能忠敬《いのうただたか》著『測量日記』（享和２年＝１８０２）

「……真坂村は家が七十六軒あり、八郎潟まで七、八丁ある。（中略）三倉鼻の坂の上が秋田郡と山本郡の境界である。この辺でも八郎潟の大きさは、横四里、長さ七里、深さ四尋《よひろ》と言っている」とあります。

④　明治に入ると、「教科書」や「日本地図」に八郎潟と表記されるようになり、名前が定着していったようです。

【大川兼任《かねとう》の挙兵と志加渡《しがわたり》】

Q. 「大河兼任の挙兵」について教えてください。

A. 前項の②に関連しますが、大河兼任の乱については、鎌倉幕府が編集したとされる『吾妻《あずま》鏡《かがみ》』（1180～1266）の中に書かれています。要約すると、「文治6年（1190）1月6日、大河兼任は源 頼朝《みなもとのよりとも》に敗れた平泉の藤原泰衡《ふじわらやすひら》の仇を討とうとして7000人の兵を率いて鎌倉に出陣。秋田大方（八郎潟）の志加渡（氷上渡り）の途中、氷が割れて約5000人の兵が水死した」という内容です。

原文は次の通りです。

> 奥州故泰衡郎従大河次郎兼任以下、去年窮冬以来、企二叛逆一（中略）七千余騎凶徒、向二鎌倉方一令二首途一、其路歴二河北秋田城等一越二大関山一、疑出二于多賀国府一、而於二秋田大方一、打二融志加渡一之間、氷俄消而、五千余人忽似溺死訖

Q. 大河兼任が八郎潟の氷を渡ろうとした場所はどこですか。

A. 今のところ、場所は特定されていないようです。多くの歴史家がこのことについて調べて

きたようですが、不詳になっています。このなかで、三種町鯉川付近を主張する人が多くいるようです。また、鹿渡説も消えていないようです。

Q. 大河兼任が拠点とした場所はどこですか。

A. これも今のところ不詳のようです。五城目町大川石崎の「石崎遺跡」（奈良時代から平安期の４００年前後にわたる城柵《じょうさく》跡と推定）と関連があるとの説を述べる人がかなりいるようです。また、「堂の下遺跡」（古代の製鉄所跡）がある鯉川説を主張する人もいるようです。

Q. 昭和38年（１９６３）に泥の中から馬具が発見されたと書かれた本があるようですが……

A. 私は、小野一二著『大河次郎兼任の時代』（平成15年＝２００３）の中に、このことが書かれていることは知っていましたが、令和５年（２０２３）３月に、秋田市の小川明夫さんからいただいた資料から、上野昭夫著『陸奥史略《むつしりゃく》』の中にも記述されていることを知りました。『陸奥史略』は平成10年（１９９８）の発行なので、小野一二氏の記述は、これを引用したものと思われます。『陸奥史略』から、この部分を意訳して紹介します

「昭和38年（１９６３）、農林省八郎潟干拓事務所の東部干拓事業所管下の第５工区、流入河川河口部を嵩上《かさあ》げ工事中、泥の中から錆《さ》びついてぼろぼろになった馬具（口金の甲金、鐙《あぶみ》の元締金等）が大量に発掘された。ほとんど鉄製であった故か、時代が古い故か、黒ずんだ泥と化しつつあったが、吾妻鏡の記事を証明する画期的な事柄であったと『八郎広報』

は伝えている」

上野昭夫氏は、私が昭和44年（1969）11月に入植訓練所に入所した時、庶務課の職員でした。上野氏は昭和38年当時、どこで何をされていたのか不詳です。「八郎広報」をどこで目にしたのでしょうか。この広報は今のところ見つかっていないので謎の文書です。

Q. 発掘された物品はどこに保管されていますか。

A. これも今のところ見当たりません。上野氏は発掘物を見たとは書いていないので、どういうものだったかは分かりません。私の想像になりますが、あまりにもボロボロになっていたので、保存されなかったのではなかったでしょうか。

Q. 「八郎広報」も「発掘品」も見当たらないとなると、とても疑問を感じますね。

A. 私もそう思います。疑問点を4点挙げてみます。①馬場目川河口部は最も氷の薄い部分で、渡るのに危険であることがはっきりしています。歴史家の多くが述べている鯉川付近なら話が分かりますが、なぜ一番危険な場所を選んだのか理解できません。②仮に馬場目川河口部だったとしても、湖岸に近く、水深も浅いので氷が割れた時に、すぐ逃げることができたはずです。何千人もの水死者が出たとはとても考えられません。③発掘された物件は、黒ずんで泥と化したとあります。それなのにどうして馬具だと分かるのでしょうか。八郎広報の編集者が、大河兼任の挙兵と無理に結び付け、話を面白くしようとしてオーバーに表現したように思えてきます（広報が発行されたのが事実であれば）。④本当に価値ある物件だとしたなら保存するはずです。保存しなかったということは、それほどの物ではなかったからだと思われます。

『国土はこうして創られた』の中に、「……八郎潟干拓によって七百七十年前の鎧兜《よろいかぶと》が発見されるのではないかと期待されたが、ヘドロ層が厚すぎたため〝兵《つわもの》どもの夢の跡〟はついに幻のまま、今も地中に深く眠り続けているようだ」とあります。私もそう思っています。大河兼任の氷上渡りが事実であれば、大潟村のどこかに眠っているのではないでしょうか。

〈注：これは令和5年6月時点の愚考です。今後、新たな発見があるかもしれません〉

【大潟村墓地公園】

Q. 墓地公園が完成したのはいつですか。その内容を教えてください。

A. 墓地公園は昭和48年（1973）8月28日に完成しました。敷地面積は2万㎡（2ha）あります。6㎡の区画を500カ所造り、現在は400余名の方が使用しています。特徴は、墓石の規格が同じ様式になっていることです。平成3年3月18日に「大潟村墓地公園条例」が定められ、6㎡当たり2万28円の範囲以内で使用料（永代使用）が徴収されています。東屋が設けられるなど、公園風に造られ、明るい環境になっています。

【大潟神社】

Q．大潟神社が造られたのはいつですか。

A．大潟神社は、伊勢神宮の滝原竝宮《たきはらのならびのみや》をもらい受け、昭和50年（1975）に移築されました。昭和53年（1978）11月25日に完成し、大潟神社奉祝祭が奉賛会によって執り行われました。そして、翌54年9月10日には、第1回例大祭（村祭り）が開催されました。

【干陸式が開催された場所】

Q．昭和39年（1964）に「八郎潟中央干拓地干陸式」が行われました。これを記念して大潟神社の後方に「八郎潟干拓碑」が建てられています。この干拓碑付近で干陸式が挙行されたと言われていますが、正確にはどの位置になりますか。

A．村干拓博物館の年表に、テントと土俵の写真があります。テントは干陸式の本部で、農林大臣・自治大臣・ヤンセン教授・秋田県知事などが並んでいます。土俵はテントの手前にあります。さて、このテントの場所は八郎潟干拓碑を基準にして、碑の左側（西方向）か、右側（東方向）か、それとも前方か、後方かは、今まで判然としていませんでした。あえて位置を特定させる必要がなかったからです。しかし、間もなく村は創立60周年を迎えることなので、この機会に正確な位置を示して後世に伝えたいと思い、写真を組み合わせながら考察してみました。

次のページに6枚の写真を掲載しました。写真AとBは現在の干拓碑です。写真Cは干陸式の風景です。写真Dは、讀賣新聞社が平成26年（2014）1月1日付で掲載したものです。昭和39年（1964）9月に上空から撮影したものなので、全体図が分かる貴重な1枚です。この写真をよく見ると、三差路の所に「展望塔」が建っています。そして展望塔には垂れ幕が下がっています。この垂れ幕を拡大したものが、写真Eで、「祝 八郎潟干陸新村設置」と書かれています。この展望塔は、平成の始めまでローソン大潟村店（コンビニ）のそばの三差路に残っていました（写真F）。このことから判断すると三差路に近い方向で干陸式が行われたことが推定できます。207ページに位置図を掲載したので、多くの方々から考察してもらいたいと思います。

A

水位柱から干拓碑を望む

B

八郎潟干拓碑

C

干陸式典会場（干拓博物館年表より）

干陸式典会場（平成26年読売新聞より）

干陸式典会場位置図（推定）

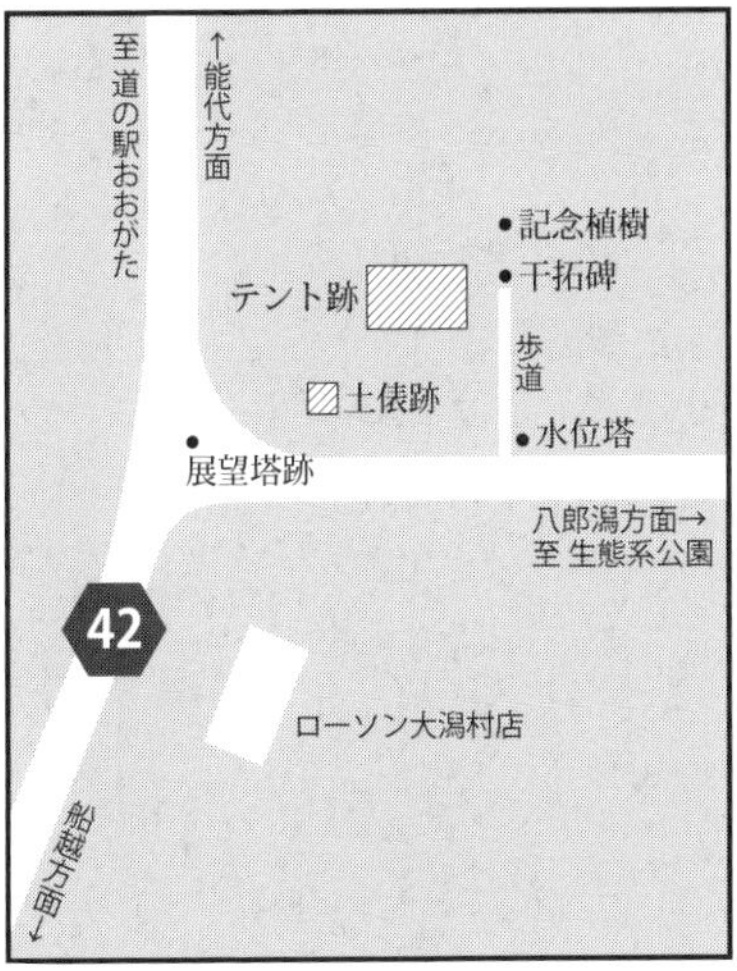

展望塔と垂れ幕（『大潟村史』より）

三差路にあった展望塔
（吉田日出夫さん撮影）

第11章 出来事1号・雑話・よもやま話

1、出来事1号

創立60周年を迎えた大潟村には色々な出来事がありました。「広報おおがた」、『大潟村史』、新聞記事などから出来事を拾ってみると、次のようなことが挙げられます。なかには喜ばしくないこともありますが、村の歴史として年代順に取り上げてみました。

【住民登録1号】昭和39年（1964）10月1日・柏崎昭治郎さんほか14名

10月1日、秋田県庁内に開設された大潟村役場で6世帯、14名が住民登録を済ませました。

【出生1号】昭和40年（1965）4月9日・川波文乃さん

4月9日に誕生した文乃さんは、北部排水機場職員の川波一秋・慶子さん夫妻に生まれた子供でした。新村で初めての赤ちゃんに嶋貫村長が名付け親となり、「文化・芸術に長ずるように」という願いを込めて、「文乃」と命名したのでした。その後、文乃ちゃんは父親の転勤に伴い大潟村を離れました。昭和49年（1974）9月16日、小学3年生になった文乃さんは、宮城県矢本町から6年ぶりに父親一秋さんとともに来村して、嶋貫村長と久しぶりに対面しました。

当日は、ＮＨＫ「新日本紀行」(10月14日放送）のスタッフが取材、文乃ちゃん誕生の地・北部排水機場に向かったとされます。(参考：「広報おおがた」)

【入学1号】昭和40年（１９６５）4月1日・井口良市君

良市君は南部排水機場職員の井口清さんの長男です。村の入学第1号となったため、嶋貫村長が3月18日にランドセルをお祝いにプレゼントしました。良市君は約２㎞離れた払戸小学校に通学しました。(参考：『大潟村史』)

【入植者結婚1号】昭和42年（１９６７）11月3日・富田博文さん

富田博文さんは1次入植者です。訓練所を終えて直ぐ、訓練所職員の小坂良子さんと寒風山ヘルスセンターで結婚式を挙げました。当時は村の中に公民館も村民センターも無かった時代でした。媒酌人は入植訓練所長・田口慶光氏でした。(参考：『大潟村史』)

【天皇陛下初の行幸啓】昭和44年（１９６９）8月27日・天皇皇后両陛下行幸啓

天皇皇后両陛下が8月27日午前11時36分南部排水機場にお着きになり、午後1時36分に村をお発ちになりました。村に滞在した2時間、公民館や入植訓練所などを見学されました。訓練所では次のようなお言葉がありました。「皆の元気な姿を見て、喜ばしいと思います。皆の仕事は、日本農業の近代化に大切なことですから、今後も研究と実践に努力されることを希望します」。当日は秋田博が開催中であり、村外からの観覧者も多く、約７０００人の人たちが日の丸の小旗を振って奉送迎したとされます。（参考：「広報おおがた」）

その後、皇族の御来村は10回に上ります。年代順に紹介します。①皇太子殿下御夫妻御来村（昭和45年）、②三笠宮寛仁殿下御来村（昭和47年）、③常陸宮御夫妻御来村（昭和48年）、④三笠宮御夫妻御来村（昭和51年）、⑤皇太子殿下行啓（平成４年）、⑥桂宮宜仁親王御来村（平成11年）、⑦桂宮宜仁親王御来村（平成15年）、⑧常陸宮御夫妻御来村（平成19年）、⑨桂宮宜仁親王御来村（平成21年）、⑩秋篠宮御夫妻御来村（平成25年）です。（参考：『ゼロから自治体を創ったらどうなるか？』）

【公民館結婚１号】昭和44年（１９６９）10月27日・高木茂夫さん・後藤久子さん

高木茂夫さんは３次入植者、後藤久子さんは山本町出身です。大潟村公民館ができたのが昭和44年６月でした。大潟村では「挙式は厳粛に 披露宴は簡素に」をモットーに「公民館結婚」を提唱し、３次入植者の人たちから公民館で結婚式を挙げるようになりました。企画立案は、営農グループや友人を中心に世話人会を組織し、会費制で行いました。当時の農村では珍しい内容の結婚式でした。１００回目は畠山敬治・三浦三保子さん（昭和50年８月25日）、２００回目は、尾倉英行・川井鈴子さん（昭和56年11月22日）でした。大潟村公民館には２１０回目までの記録が残されていますが、その後も何回か続けられたようです。会費は当初１５００円でしたが、年とともに３０００円、６０００円と変わっていきました。

実は私も昭和45年（1970）12月8日、公民館で結婚式を挙げました。38回目でした。

【住宅火災】昭和46年（1971）7月25日・農家住宅全焼

火災が起こったのは7月25日の午後2時10分頃で、場所は東2―4でした。翌日の秋田魁新報は、「大潟村で初の火災」の見出しで、「住家1棟を全焼、損害は約700万円」と報じています。

【入植者の死亡】昭和48年（1973）2月1日・3次入植者Kさん

亡くなられたKさんは3次入植者で、48歳で病気により他界されました。初作が昭和45年でしたので、わずか3回だけの収穫で、この世を去りました。

【入植者の転出】昭和54年（1979）2月・小澤健二さん

昭和54年2月27日付・秋田魁新報は、「代替わり一号」の見出しで、「小沢健二さん（45歳）が、岩手県江刺市で社会党の公認候補として今春の県議選に出馬することになったため転出。同村内では、すでに入植者の死亡に伴う経営権の委譲が5件発生しているが、入植者が生存中に次の代の者に譲る〝代替わり〟は初めてのケース」と報じています。

【農地の売買】昭和59年（1984）2月3日・4次入植者2名

4次入植者のAさん（44歳）とBさん（51歳）から出されていた「所有権移転許可申請」が2月3日の村農業委員会で許可されました。

【入植者の挙家離村】昭和59年3月27日・一家6人が離村

昭和59年4月14日付・秋田魁新報は、「大潟村一入植者が挙家離村」の見出しで、「昭和59年3月27日に村役場に転出届けを出し、一家6人が離村した。開村20周年を迎える同村で初めての出来事。入植者の離脱に春の農作業に入った村は大きな衝撃に包まれている」と報じています。

【百歳1号】平成16年（2004）11月10日・菊地キタ子さん

菊地さんは明治37年（1904）11月10日に岩手県に生まれ、長男・廣雄さん（東3―1）の入植に伴い大潟村に移られました。

その後、百歳を迎えた方は、平成17年に加藤ミツさん（東2―4）、同21年に今野チヨミさん（西3―2）、同22年に坪木トシさん（西2―4）、同23年に眞坂ソヱさん（東2―5）、鎌田トメさん（東3―2）、同25年に三浦元子さん（西3―2）、同26年に門脇おくらさん（東2―5）、浅野タミヱさん（西3―2）、同28年に池田タキさん（東2―4）、同30年に米谷テツヱさん（西3―3）、令和3年に佐野ひろ子さん（東3―2）です。（これは「広報おおがた」から拾ったものなので取り落ちがあるかもしれません）

【入植者長寿記録者】大正13年（1924）3月1日生まれ・加藤直さん

加藤直さん（東2―3）は第3次入植者です。令和5年（2023）3月1日に99歳の誕生日を迎えられ、入植者の長寿記録を更新中です。令和6年は大潟村創立60周年です。そして11月には60周年記念式典が挙行されることと思いますが、この時には100歳8カ月になられます。ぜひお元気で式典に出席して村民に希望を与えてほしいと願っています。

【初のプロ野球選手】 平成2年（1990）12月21日・阿部茂樹さん

阿部さん（東3―3）は、平成2年11月23日のドラフト会議で、読売巨人軍から4位指名されました。そして12月21日に入団が発表されました。

【第1回村祭り】 昭和54年（1979）9月10日

昭和53年（1978）11月25日に大潟神社が完成し、翌54年9月10日に第1回例大祭（村祭り）が行われました。

【第1回八郎湖クリーンアップ作戦】 昭和57年（1982）6月6日

第1回目の八郎湖クリーンアップ作戦は、昭和57年6月6日に行われました。「八郎湖水質対策連絡協議会」（会長・藤原慶三郎天王町長）の主催でした。これに先立ち、大潟村連絡協議会では、クリーンアップ作戦の意義を広く知ってもらうため、標語を募集したところ、118点の応募があり審査の結果、石原敏子さん（東3―3）の「八郎湖守るもよごすもあなたです」が1席に選ばれました。

【第1回桜と菜の花まつり】 平成6年（1994）5月18日

大潟村の菜の花祭りは、毎年盛況を呈しています。第1回の開催は平成6年5月18日で、22

日まで5日間開催されました。
サンルーラル大潟の北側にある菜の花畑が特設会場になっており、全長250mのコースをミニSL車が菜の花の中を走行し人気を呼んでいます。また、色々なイベントも開催されています。
特設会場とは別に、多くの人に親しまれているのが、「桜並木と菜の花ロード」（県道298号線）です。約11㎞に渡り桜並木と菜の花が続いています。これについては188ページに掲載しています。

【初の三つ子誕生】 平成26年（2014）2月21日・古戸伊織・彩乃・鈴乃さん
古戸寛輝さん・尚子さんご夫妻（東2―5）に三つ子の伊織くん、彩乃ちゃん、鈴乃ちゃんが誕生しました。大潟村では初めてのことであり、髙橋村長からお祝い金と花束が贈られました。（参考：「広報おおがた」）

【石碑建立1号】 昭和43年（1968）3月・八郎潟干拓碑
村内には多くの石碑があります。この中で1番早く造られたのは「八郎潟干拓碑」で、昭和43年（1968）3月に八郎潟干拓事務所によって建立されました。碑文については次の項に掲載しています。
2番目は、墓地公園にある「大潟村墓地整備記念碑」で、昭和48年（1973）8月13日の建立です。

2、雑話

【記念碑の碑文】

村内には多くの記念碑があります。この中から干拓に関係した記念碑を取り上げて碑文を紹介します。

〔八郎潟干拓碑〕西1―12地内
・建立年 昭和43年(1968)3月 ・設置者 八郎潟干拓事務所

かつてここには八郎太郎の伝説を秘め、打たせ舟が帆をはらむ茫洋たる湖水があった。農林省は一九五二年八郎潟調査事務所(秋田)、五六年農地局八郎潟干拓企画室を設け干拓事業を計画、五七年着手した。現地事業は八郎潟干拓事務所(秋田)、同東部(一日市)、南部(船越)、北部(鹿渡)の各干拓建設事業所によって進められ、堤防・排水機場・防潮水門等が逐次完成。周辺干拓地が続々干陸。六三年一一月中央干拓地排水開始。翌年春まずこの付近の浅い部分が水上に現れ、水位低下につれて湖底は徐々に新しい大地に変わっていった。一九六四年九月一五日農林省と秋田県はこの場所で一大式典を挙げ、八郎潟干陸の達成と新村大潟村の誕生を記念し植樹を行った。いま新農村建設事業が進んでおりやがて多くの生命財産がここに定着するであろうが、人々はいつも頭上の高さに日本海の水面が広がっていることを忘れてはならない。

出口勝美

〔洋々たり新天地〕 南2―17南の池入植記念公園内
■建立年 昭和51年（1976）10月27日 ■設置者 八郎潟新農村建設事業団

国営干拓事業として進められてきた八郎潟干拓は、昭和三十九年九月干陸された。水面下にあった湖底の泥土がはじめて陽光を浴びたのである。八郎潟新農村建設事業団は、その翌年八月に発足した。その後十一年の歳月を経て、新農村建設事業は完了した。この間ヘドロ土壌に悩まされ、また、米の需給事情が大幅に緩和したため、入植計画の再検討を迫られるなど、多くの困難に直面したが、何とかこれを克服した。八八六〇ヘクタールの農地に五八〇戸の入植者が、新しい型の農業を経営し得るところまで来た。この新しい大地で、新しい人々の営みが、輝かしい前身を続けることを期待してやまない。新農村建設事業完了式を記念してこの碑を建てる。

〔呑竜頌《どんりゅうしょう》〕南2—17南の池入植記念公園内
■建立年 昭和51年（1976）10月27日 ■設置者 八郎潟新農村建設事業団

八郎潟干拓地の建設を契機として、軟弱地盤における築堤技術は長足進歩を遂げ、農業土木の上に略々定着するに至った。この工事に従事し八郎潟艦隊《かんたい》の愛称で親しまれた浚渫船《しゅんせつせん》が取扱った土量無慮七千万立方米に上がる。今その建設の歴史を象徴して、ここに浚渫船呑竜のカッターを止めるとともに、この堤防の建設に心血を注ぎ情熱を滾《たぎ》られた若き技術者達の偉功を讃える。
小川泰恵 撰

〔八郎潟干拓地入植記念碑〕南2—17南の池入植記念公園内
■建立年 平成元年（1989）10月1日 ■設置者 大潟村長 宮田正馗

我ら この地に 入植す
題字 宮田正馗

〔第1次入植50周年記念碑〕西2丁目地内
■建立年 平成28年（2016）11月10日 ■設置者 第1次入植者

ありがとう 湖底の新天地

〔第二次入植者五十周年記念碑〕中央1丁目地内
・建立年　平成29年（2017）11月4日　・設置者　第二次入植者

我らが人生かけた大地よ　永遠にあれ

小松稔　書

〔第三次入植五十周年記念碑〕南2―17南の池入植記念公園内
・建立年　平成30年（2018）11月10日　・設置者　第三次入植者

夢の大地に　我らあり

藤平利夫　書

〔第四次入植五十周年記念碑〕南2―17南の池入植記念公園内
・建立年　令和元年（2019）11月13日　・設置者　第四次入植者

湖底の故郷　悠久なり

佐藤誠子　作

【筑紫岳《ちくしだけ》の現状】

筑紫岳は三倉鼻のすぐ隣にあった標高約150mの山でした。八郎潟干拓に使用する石材を採取するため、昭和34年（1959）1月9日に1195万円で農林省（現農水省）が買収しました。その後、東北石材建設（株）三倉鼻工場に売却され、採石場として現在も営業しています。

現場は、すり鉢状に深く掘り下げられ、秋田県では見られない珍しい光景になっています。

【縄文土器】

大潟村干拓博物館には、縄文時代の「石鏃《せきぞく》」「石匙《いしさじ》」が展示されていますが、説明書きには、「縄文前期～中期」とあるだけで、出土場所が書かれていません。

いろいろ聞き込みをしたところ、昭和53～58年頃に村の小学生たちが、村民野球場付近で縄文時代の「矢じり」を幾つか拾ったことが分かりました。ただ、博物館に展示されているものが、この時に子供たちが拾ったものかどうかは不明です。

子供たちの話では、積まれた土の中から拾ったと言っています。さて、この土が村外から運ばれてきたものなのか、村内から出たものかによって事が大きく変わってきます。村民体育館は昭和54年（1979）3月に完成しました。体育館の基礎工事の際に残土が出たはずです。もし、この残土が野球場付近に山積みされたとすれば、〝矢じり〟は大潟村から出たことになります。「土は村外から運ばれたものだろう」「大潟村に縄文人がいるわけがない」という先入観をまず捨てることです。

前項でも述べたように、干拓博物館には「八郎潟の成り立ち」の図が掲示されています。これには、4000年前頃は、総合中心地が陸地であったようになっています。平成25年（2013）の『大潟村地質調査報告書・地下の地層と貝化石』には「村民体育館付近の調査では、厚さが最大30㎝の泥炭層が見つかった。泥炭は陸の湿地帯に生い茂る植物が炭化してできることから、この場所は約４０００年前には陸地だったと考えられる」と記述されています。

このことから、大潟村に縄文集落があったことが大いに考えられます。ロマンが広がる話です。

【村の新しい産業提案１・防風林の活用】

村には約５００haの防風林（防災林）があります。ここで発想を変えて、この広大な土地を利用して林業という新しい産業に結び付けられないものかと考えます。

私は古里に20haほどの山林を所有しています。自分で管理ができないため、森林組合に委託していますが、10年に1度ほど伐採代金が入ってきます。特別大きな金額ではありませんが、ちょっとした小遣いになります。

村の防風林に雑木や杉などを植林し、林業として活用したらうま味のある産業になると思います。

林業には一般的に四つの問題点があります。一つは、山林は奥地に存在しているためトラックが通れる道路まで木材を搬出するのに多額の費用が掛かること。二つは、山林の地形は急斜面が多いため機械による作業が難しいこと。三つは、山林の現場は車を降りてから１㎞もそれ以上も歩いて往復しなければならないという通行の不便な場所が多いこと。四つは、斜面のために作業道を造るための費用がかさむことです。このようなことから林業は、経費が掛かり過ぎて、場合によっては収入を上回るという欠点があります。

大潟村の防風林は道路のすぐ脇にあるし、地形も平坦なのでこれら四つの問題点が全くありません。林業を行う上で理想的な地形です。

雑木林を造って、シイタケやナメコの栽培、良質な木炭の生産に取り組んだら産業として成り立ちます。またバイオマス燃料にも利用できます。杉も雑木同様に収入が見込めます。生態系公園内の杉や東5丁目のハウス団地の南側に試験植林された杉は生長がとても良いようです。大潟村の土地は杉にも適していると考えます。

【村の新しい産業提案2・湧水の活用】

大潟村の水道は正面堤防からの湧水に水源を求めています。中央干拓地堤防には、このほかにも湧水が出ている所があります。この湧水を利用してジュンサイ栽培、ワサビ栽培、イワナの養殖をやってみたら新しい産業になるのではないでしょうか。

【村の新しい産業提案3・八郎湖の活用】

古い話になりますが、昭和40年(1965)3月18日に「八郎潟残存湖漁業利用対策審議会」が最終結論を知事に提出しています。それには何点か提案がされています。今でも活用できると思われるのが、「イケチョウガイやカラスガイを使った真珠の養殖」「アユの網いけす養殖」

です。なかなか面白いアイディアだと思います。八郎湖を利用した産業をもっと考えてもよいのではないでしょうか。水の浄化などと併用して、タニシやカラスガイの養殖を検討してみたらどんなものでしょう。マコモを栽培して薬草として栽培して収益につなげる方法も考えられます。アオミドロは化粧品や健康食品の原料になるといいます。

【村の新しい産業提案4・草木の活用】

村内の至る所に繁茂しているのが、「ニセアカシヤ」「桑の木」「野生グミ」の雑木や「ダイオウ」「スベリヒユ」などの雑草です。繁殖力が強くて厄介な植物とも言えます。これらを食品などにうまく活用できないでしょうか。

3、よもやま話

この項では、今まで取り上げられなかった話題や耳に挟んだ話を順序不同で掲載してみました。

【嶋貫氏「私の秘密」に出演】

昭和39年(1964)9月28日に嶋貫隆之助氏がＮＨＫテレビの「私の秘密」に出演しました。これは、職業や経歴などに特色のある人物を登場させて、数人の解答者が次々と質問して言い当てるという30分間の番組でした。嶋貫氏の正体は「人口ゼロの村の村長に決まりました」でしたが、時間内に誰も答えを出すことができませんでした。このことを嶋貫氏が『八郎潟新農村建設事業団史』の回顧編で、「司会は八木アナウンサー、解答者は渡辺紳一郎、望月八重子、藤浦洸、宇野重吉などの有名人でした。秋田弁からかぎつけられるのでないかと緊張して答えました」と述べています。

【伊能忠敬、菅江真澄が泊まった家】

伊能忠敬は言うまでもなく日本地図を作った人です。伊能忠敬を中心にした7人の測量隊が秋田を訪れたのは享和2年（1802）でした。この年の9月1日の日記に、「……宮沢村は野石村の枝郷で浜田村から二里である。七ツ（午後4時）過ぎ、嘉右衛門家に止宿」と書かれています。この嘉右衛門家は、榮田悦雄さん（西1―4）が生まれ育ったうちなのです。入植に伴って家屋敷は親戚に譲りましたが、宅地の一角に「庚申　榮田嘉右衛門」と刻まれた碑が建っています。

菅江真澄は江戸後期の紀行家で多くの本を著しています。享和2年（1802）の『しげき山本』に次のようなことが書かれています。6月1日に素波里《すばり》峡《きょう》を見物した帰り、「……空がにわかにくもり、雷鳴がとどろいて山に響き谷にこだましたので、舟を急がせて下り、長場内《おさばない》という村についた。今夜はここに泊まりなさいと情け深くすすめるので、その家にはいった」と記載されています。この家は加藤光利さん（東2―5）の入植前の家です。加藤家には、代々この話が受け継がれているとのことです。
この話はどちらも享和２年のことです。伊能忠敬と菅江真澄の出会いがなかったかと興味がもたれます。

【村で1番古い年号の墓石】

大潟村墓地公園には村民の人たちの墓地が並んでいます。この中には郷里から持ってきた古い墓石を幾つか見掛けます。１番古い年号の墓石は、２次入植者・田中家の「文化弐年」（１８０５）のもので、「冬頭邑田中屋　茂七」と刻まれています。田中家の先祖・田中大秀《おおひで》は広辞苑に「江戸時代後期の国学者。飛騨《ひだ》高山の人。本居宣長《もとおりのりなが》に師事。著に『竹取翁物語解』『土佐日記解』など」と掲載されている学者です。岐阜県高山市にある旧田中邸は、国重要有形文化財になっています。現在の当主は、田中宝秀さんで、直系の子孫に当たります。墓石にある茂七は大秀の長男のようです。田中家には、大秀の書いた書籍が幾つか保存されています。
私ごとになりますが、わが家の墓石は「弘化四年九月」（１８４７）のもので、「秋圓妙寒善女」と刻まれています。

【軍人の経歴のある入植者】

入植者には、大正年代の生まれの方が30人ほどいます。このなかには陸軍や海軍に入隊して戦争を体験した人たちがいます。私が知っている方では、寺坂隆さん、高橋次男さん、佐藤正一さん、栢森《かやもり》久治さん、今野盛太郎さん、佐々木悦男さんです。昭和初期生まれで、陸軍少年飛行兵学校や海軍航空隊学校などに入校された方は、津島信男さん、佐藤昭治さん、山本佐一さん、伊藤栄二郎さんです。このなかで、津島さん（昭和2年生）を除く方々はお亡くなりになりました。

私は、平成18年（2006）から2年間「JAだより　おおがた」の「思い出のアルバムをめくる」のコーナーを担当した関係から、この方々を取材したことがあったので知っているのです。

【入植して初めて会ったら同級生だった】

4次入植者の末田守男さんの妻恵子さん（西1―2）と岸本茂義さんの妻芙美子さん（西1―2）は子供の頃、家が近所でよく一緒に遊んだ仲。小・中学校の時は同級生でした。恵子さんは岡山県の北部の勝北町にある末田家に嫁ぎ、芙美子さんは瀬戸内海に近い岡山市にある岸本家に嫁ぎました。両地区は60㎞以上離れており、いつの間にか音信不通になっていました。昭和45年（1970）に夫が4次入植者として大潟村に移ったことにより夢のような再会にビックリ、そして、営農グループが同じになり二度ビックリ。「事実は小説よりも奇なり」の言葉のような話です。

【兄弟の入植】

兄弟で入植している方は5組います。1次と4次が1組、2次と3次が1組、2次と4次が

1組、3次と4次が1組、4次に1組います。これは男性の兄弟のことになりますが、姉妹が入植者と結婚しているケースも含めるとさらに多くなります。関心のある方は調べてみたらどうでしょうか。こう言う私もその一人で、妻は3次入植者の妹です。

【坂本九と打たせ船】

昭和45年（1970）5月31日に、歌手の坂本九ちゃんが入植訓練所を訪れて、臨時に造った田んぼで田植を行いました。九ちゃんは八竜町（現三種町）浜田小学校芦崎《あしざき》分校に向かう途中でした。芦崎は、九ちゃんの祖父・金吉氏が茨城県霞ケ浦から移り住んで、地区の漁民に「打たせ船網漁」を伝えた人でした。九ちゃんの父親・寛《ゆたか》氏は芦崎分校の卒業生であったため、昭和44年（1969）の芦崎分校90周年の際に、父親の母校ということで舞台の垂れ幕を寄贈したのでした。5月31日には、分校で地域の人たちに歌を数曲披露したということです。この芦崎分校は、平成11年（1999）に閉校しました。

【八郎潟出土のくり船】

潟上市昭和大久保の元木山公園内に「八郎潟漁撈《ぎょろう》用具収蔵庫」があります。ここには、かつて八郎潟で使用された漁具や魚の標本が展示されています。このうち78点は国重要民俗文化財に指定されています。収蔵庫の床下には、「八郎潟出土のくり船」（長さ15・6m、県指定有形民俗文化財）という埋没船が保存されています。この船は昭和40年（1965）に南部排水機場の北方4㎞地点（福米沢の沖2㎞地点）から発見されたもので、年代は不詳とのことです。古い年代のもののようで、「平安時代の商戦が難破したもの」「阿倍比羅夫《あべのひらふ》が蝦夷征伐《えぞせいばつ》に来た時の沈没した軍船」などと歴史家が想像を巡らしたとされますが、今ではこれを語る人もいなくなってしまったようです。

【八郎潟の怪現象1・空から降ってきた魚】

朝起きてみたら、家の周りに魚が散乱していた……。誰が何の目的でやったのだろうか？八郎太郎が空から魚をまき散らしたのでは？

まだ八郎潟が干拓される前、このような奇怪な話が1カ所だけでなくあったと伝えられています。このことに関心を持っているのが坂本みほ子さん（東3―3）です。坂本さんは八郎太郎伝説を調べられている方で、周辺町村を訪ね歩いています。魚の話も興味があったので尋ねてみたところ、数カ所で「実際、魚があちこちに落ちていた」と語る人に会ったということです。なんとも不思議な話ですね。

全く私の想像になりますが、これは「竜巻」による現象ではなかったかと思われます。現在も日本海に近い地域では、竜巻による大きな被害が報じられています。昔の八郎潟は、規模の大きい竜巻がよく発生したものではなかったでしょうか。

【八郎潟の怪現象2・蜃気楼《しんきろう》の話】

江戸後期の紀行家・菅江真澄は、『氷魚《ひお》の村君《むらぎみ》』に蜃気楼のことを書いています。これは、文化7年（1810）1月18日に八郎潟の氷下漁《こおりしたりょう》を見に行ったら、蜃気楼が現れたというものです。「森山の麓付近から、高岳山《たかおかさん》や三倉鼻の辺りまで、人の列がびっしり続いていた。漁師たちは〝狐《きつね》たて〟（蜃気楼）だという。間もなくそれはみな消えていった。これはソリで運んだ土（客土用の土）を並べていたものが、人の行列に見えたのである（意訳）」と述べています。

入植者で蜃気楼を見た人、または話を聞いたことがある人を探していますが、今のところ見つかっていません。

【八郎潟の怪現象3・電気ショック騒動】

電気ショック騒動が起きたのは昭和38年（1963）1月から2月、場所は三種町鯉川沖約5㎞付近とのことです。このことを昭和38年の秋田魁新報は、2月15・23・28日の3回に亘って掲載しています。

怪現象の内容は、鯉川の沖合で氷の下の引き網漁をしていた漁民約180人が、強い電気ショックを感じ頭がおかしくなり、正常に戻るまで5分位かかったというものです。7年ほど前から感じるようになり、昭和38年になってから10数回起こったとされます。秋田魁新報の当時の写真部長・畠山善美さんも現地を取材中感電して「針でも刺されたような痛さのあと、やがてボーとして立っているのが苦しくなり、不覚にもヘナヘナと座ってしまった。数分後、もとの状態に戻り、写真取材を終えた」と述べています。秋田大学鉱山学部の能登博士が調査したが、解明には至らなかったとされます。

湖畔をにぎわした怪現象も、氷が解ける頃になると、いつの間にか発生しなくなって、人々の脳裏から忘れ去られていったと言うことです。同年11月から南北両排水機場による排水が始まったので、この付近での漁は、これが最後だったと思われます。

私はこの記事を読み、鯉川沖5㎞ということに妙なこだわりを感じました。というのは、200ページの大河兼任の氷上渡りを思い浮かべたのです。大河兼任軍は、鯉川付近から八郎潟を渡り、中ほどに近い場所で氷が割れて5000人の兵士が水死した話です。私の突飛な発想になりますが、地中に埋まった兵士や馬具などから発生した静電気が、自然条件と科学作用して電気ショックを起こしたと考えられないかということです。電気ショックの場所と水死した兵士の場所が一致するようなことにでもなれば、歴史的な大発見になります。何らかの方法で調査してみたいものだと思います。

第12章　人口と児童数の推移、年ごとの農業、米価の推移

1、人口と児童数の推移

昭和39年（１９６４）に誕生した大潟村は、令和６年に創立60周年を迎えます。この間の人口と児童数の推移を一覧表にして掲載します。（児童数は大潟小学校の数値です。どちらも４月時点のものです）

〔表13〕人口と児童数の推移（単位：人）

和暦（西暦）	人口	児童数	和暦（西暦）	人口	児童数
昭和39（1964）	14	*	6（1994）	3368	209
40（1965）	16	*	7（1995）	3371	214
41（1966）	75	*	8（1996）	3409	206
42（1967）	84	*	9（1997）	3391	193
43（1968）	433	52	10（1998）	3382	194
44（1969）	1119	175	11（1999）	3365	207
45（1970）	1776	245	12（2000）	3316	207
46（1971）	2075	276	13（2001）	3375	201
47（1972）	2229	304	14（2002）	3375	214
48（1973）	2554	317	15（2003）	3364	234
49（1974）	2962	345	16（2004）	3381	239
50（1975）	3330	372	17（2005）	3383	239
51（1976）	3373	376	18（2006）	3350	247
52（1977）	3400	387	19（2007）	3299	239
53（1978）	3408	431	20（2008）	3333	229
54（1979）	3432	462	21（2009）	3354	217
55（1980）	3474	476	22（2010）	3367	206
56（1981）	3472	473	23（2011）	3352	210
57（1982）	3472	469	24（2012）	3308	194
58（1983）	3440	460	25（2013）	3244	196
59（1984）	3399	406	26（2014）	3275	192
60（1985）	3404	376	27（2015）	3210	187
61（1986）	3356	343	28（2016）	3169	175
62（1987）	3373	312	29（2017）	3144	167
63（1988）	3399	302	30（2018）	3129	179
平成元（1989）	3344	263	令和元（2019）	3104	178
2（1990）	3298	263	2（2020）	3161	161
3（1991）	3309	253	3（2021）	3104	147
4（1992）	3347	240	4（2022）	3048	144
5（1993）	3347	224	5（2023）	3012	135

2、各年の農業の概要（一口紹介）

この農業の概要は、私が『大潟村史』に寄せたものを一部修正して掲載しました。平成19年（２００７）に私は65歳で長男に経営委譲して一線を離れたので、平成24年（２０１２）以降については、現役の人たちがつづってほしいと思います。

〔昭和39年（１９６４）の農業〕

天王町羽立地区に設置された八郎潟実験農場の乾田・湛水直播は、前年は60haのうち15haだけしか収穫できなかったが、この年は47haを収穫。収量は２１１～３５３kgだった。

〔昭和40年（１９６５）の農業〕

実験農場（天王町羽立地区）での直播栽培は、45ha（乾田直播17ha、湛水直播28ha）のうち39ha（87％）が収穫できた。反収は、乾田直播３４１kg、湛水直播２９７kgだった。

〔昭和41年（１９６６）の農業〕

実験農場が大潟村内のＨ６圃場に移転。反収は１８０kgで、当初予定を大幅に下回った。乾田直播の半分以上の面積が、排水不良などにより実らなかったことが平均反収を下げた。

〔昭和42年（１９６７）の農業〕

実験農場ではおよそ50haの圃場に、乾田直播と湛水直播を半分ずつ実施。天候に恵まれたため、反収は356kg（乾田区333kg、湛水区379kg）で、昨年の倍の実績に。

〔昭和43年（1968）の農業〕

第1次入植者56戸が営農開始。約60％を占めた直播が発芽不良で3分の1が改植され、直播201ha、手移植225haになった。反収が366kgで多難な出発となった。

〔昭和44年（1969）の農業〕

第2次入植者86戸が営農開始。この年も直播が発芽不良で、各地から救援苗が届けられた。420haが改植され、最終的には1042ha（84％）に。反収は459kgだった。

〔昭和45年（1970）の農業〕

第3次入植者175戸が営農開始。減反政策が始まる。手移植が9割を超え、大半が周辺農家に苗代を委託。バスに乗って田植の女性が多数訪れた。反収は519kgに伸びた。

〔昭和46年（1971）の農業〕

第4次入植者143戸が営農開始。減反面積が昨年の2・7倍になったが、圃場を改善する希望者が多く3倍の達成となった。レイメイ68％、ヨルシロ16％で、反収は523kgに。

〔昭和47年（1972）の農業〕

昨年同様、手移植が主体で、品種はレイメイ67％、次いでトヨニシキがヨネシロに代わって30％の作付け。反収は524kgで昨年並み。転作は、牧草とソバを主体に栽培。

〔昭和48年（1973）の農業〕

田植機（歩行型4条）が普及し、作付面積が47％に増加。反収は527kgで、まずまずの実績。レイメイが57％に後退しトヨニシキが48％に。転作は、牧草が70％を占めた。

〔昭和49年（1974）の農業〕

狂乱物価のため農業資材が高騰したが、生産者米価が32％アップして1万4156円に。機械移植が82％に増加し、田植機の時代になった。反収は552kgで、過去最高に。

〔昭和50年（1975）の農業〕

第5次入植者120戸が営農開始。田畑複合経営がスタート。稲作上限面積をめぐって村内は青刈りで大混乱。機械移植が90％に増加。生産者米価が1万5570円に上昇。

〔昭和51年（1976）の農業〕

ゼブラ方式の作付けが認可。全国的に冷害に見舞われ、秋田県の作況指数は95となったが、村は昨年以上の収穫となり、カントリーエレベーターの収容能力が限度に達した。

〔昭和52年（1977）の農業〕

開村以来の豊作（反収573kg）となり、カントリーエレベーターの全量収容が厳しく、乾籾の一部受け入れ実施。新品種アキヒカリが登場し28％作付け。育苗団地の再配分が行われた。

〔昭和53年（1978の農業〕
約2000haの作付け過剰で、村は大混乱。一昨年から登場した自脱コンバインは、農機具メーカーは各社とも順調に台数を伸ばし、この年でほぼ全体に普及した。
〔昭和54年（1979）の農業〕
小麦の作付けが2933haになるなど、畑作の取り組みが本格的に行われたが、春の干ばつ、その後の集中豪雨で小麦以外は大被害を受けた。稲作は後半の天気の回復で平年作に。
〔昭和55年（1980）の農業〕
全国の作況指数が87と昭和28年以来の不作になったが、村では平均反収581kg（秋田県は547kg）を確保。トヨニシキの作付けがアキヒカリを抜いて38・4％に伸びた。
〔昭和56年（1981）の農業〕
B・C地区の融雪冠水に始まり、6月からは長雨となり、小麦が政府に売り渡しできない規格外が大量に発生。さらに台風15号で稲作が大打撃を受け、1戸770万円の被害。
〔昭和57年（1982）の農業〕
全国的には3年連続の不作であったが、村は天候に恵まれて米、メロンとも好結果になった。水稲の反収が598kgとなり、過去最高を記録。縁故米、贈答米が認可された。

〔昭和58年（1983）の農業〕
5月26日、日本海中部地震発生。作物への影響が心配されたが、小麦をはじめ畑作は例年にない豊作。良質米指向により、ササニシキがトヨニシキを抜いて34・9％になる。
〔昭和59年（1984）の農業〕
昭和49年以来の豪雪で、融雪期が大幅に遅れ、小麦が過去最低の反収。しかし、水稲は田植後の好天で反収616kgとなり、過去最高を記録。米価が1万8505円と過去最高に。
〔昭和60年（1985）の農業〕
稲作上限面積が10haに拡大。水稲は全国的に豊作であったが、村は7月下旬からの異常高温が災いし、反収が590kgにとどまった。小麦は収穫時の降雨により、連続の不作に。
〔昭和61年（1986）の農業〕
8月に入って好天となり、しかも気温が低めで経過したため反収600kgの豊作。1等米比率99・6％と史上最高を記録。畑作では大麦の作付けが大幅に増加し小麦を逆転。
〔昭和年62（1987）の農業〕
水田扱いが12・5haに拡大。梅雨明けが8月9日と遅れたが、水稲、大麦とも平年作を確保。あきたこまちの作付けが大幅に増加。米価が初めて値下がりし1万7557円に。

〔昭和63年（1988）の農業〕

秋田県の作況指数が98のやや不良。村では7月の低温で障害不良が発生したが、大きな減収は回避。あきたこまちの作付けが34％に。米価が1万6743円で2年連続の値下げ。

〔平成元年（1989）の農業〕

積雪ゼロのまま春を迎えた。7月中旬から8月末までの高温少雨、9月の長雨により水稲が倒伏し、昭和57年以降では最低に。あきたこまちの作付けが49％と半分近くになった。

〔平成2年（1990）の農業〕

15ha全面水田認知と県並み転作率が実現。あきたこまちの作付けが74％に増加。6月下旬に寒気が入り、分けつが抑制されたが平年作を確保。圃場の交換分合事業が完了した。

〔平成3年（1991）の農業〕

7月中旬以降の長雨、9月28日の大型台風19号により、水稲、畑作物とも収量、品質が悪く不作。あきたこまちの作付けが8割近くに増加。畑作は大麦、大豆が主力作物になった。

〔平成4年（1992）の農業〕

前年同様早い雪消えで春を迎えた。8月上旬の低温、9月上旬以降の長雨により倒伏などがあったが、水稲は平年作を確保。たつこもち、きぬのはだが奨励品種になる。大麦は豊作。

〔平成5年（1993）の農業〕

記録的な大冷害により、全国の作況は戦後最悪の74となり、全国的にコメ不足が起こった。村では、価格の値上がりにより減収分をカバーした。前例のないイモチ病が大発生。

〔平成6年（1994）の農業〕

昨年の冷害による転作緩和から、村の畑作は1000haほど減少した。7月中旬から記録的な猛暑になり、水稲は550kgでやや不良。たつこもちの作付けが1367haに増加。

〔平成7年（1995）の農業〕

6月から8月の日照不足は、明治32年に次ぐ観測史上2番目の低さで、水稲は平成5年を下回り、反収488kgの不作に。小麦の「あきたっこ」がキタカミに代わり栽培された。

〔平成8年（1996）の農業〕

あきたこまちの作付けが83・6%に増加。水稲は、出穂期以降の好天と適度の降雨により千粒重が向上し、反収571kg（作況104）の好結果になった。

〔平成9年（1997）の農業〕

水稲は日照不足や低温などの影響を受けたが、7月上旬以降好天に恵まれて平年作を確保。新食糧法施行2年目のもと、自主流通米が大幅に下落。村では1戸300万円の下落。

〔平成10年（１９９８）の農業〕

６月中旬からの日照不足や長雨の影響で、水稲（作況97）、畑作とも平年作を下回った。水稲は倒伏が広がり、これに９月後半の高温が影響し、過去にない穂発芽が多発。

〔平成11年（１９９９）の農業〕

あきたこまちの作付けが82％を超えた。秋田市で８月の真夏日が観測史上最高の連続27日を記録。県内ではカメムシ被害で1等米が70％を割った。村でも大発生し被害を被った。

〔平成12年（２０００）の農業〕

秋田市で８月の真夏日が連続28日間となり昨年の記録を超えた。村の水稲は収穫時期が1週間以上早まり、あきたこまちが９月10日過ぎに刈取り開始。作況指数92の不作。

〔平成13年（２００１）の農業〕

田植後の高温と7月に入ってからの曇雨天により、草丈が以上に伸び約80％が倒伏。品質が心配されたが、大きな影響はなく反収６００kgで、昭和60年以来の豊作。

〔平成14年（２００２）の農業〕

あきたこまちの作付けが84％を占めた。日照不足のため5割ほど倒伏したが、９月に天候が回復して平年作を確保。大豆は、収穫時の降雨雪やマメシンクイガの被害で品質低下。

〔平成15年（2003）の農業〕

平成5年以来の冷夏となり、作況指数92と落ち込んだ。東北・北海道を中心に著しい不良となり、米の在庫不足から販売環境が一気に好転、売上額は前年を上回った。

〔平成16年（2004）の農業〕

台風15・16・18号が相次いで直撃。特に15号は、日本海からの強風が降雨を伴わずに吹き込んだため、塩害被害を受けた。反収は427kg、1等米比率6％で著しい不作となった。

〔平成17年（2005）の農業〕

春先に低温に見舞われた以外は、大きな気象災害が無く、水稲、畑作物とも平年を上回った。特に水稲は、8月上旬から好天により、反収592kgと久々の豊作になった。

〔平成18年（2006）の農業〕

32年ぶりの豪雪となり、「平成18年豪雪」と命名された。雪消えが遅かったが、春以降は好天に恵まれ、適度な降雨もあり、水稲は600kg（1等米99・2％）の豊作に。

〔平成19年（2007）の農業〕

品目横断的経営安定対策が施行。水稲は、7月の低温、8月の異常高温、登熟期の日照不足などで作柄が心配されたが、反収582kgと平年作を確保。畑作は平年を上回った。

〔平年20年（２００８）の農業〕
８月の低温と日照不足が心配されたが、９月に入り好天が続き、反収６００kgで、昭和59年に次ぐ高反収を確保。大豆、小麦も反収、品質ともに平年を大幅に上回った。
〔平成21年（２００９）の農業〕
梅雨明けが発表されず、８月の低温で収穫期が大幅に遅れたが、９月の好天で反収は５９９kgと昨年に続き豊作。米粉用の「秋田63号」が契約栽培され、一定の成果を上げた。
〔平成22年（２０１０）の農業〕
戸別所得補償制度が施行、村の転作協力者が４４２人（84・５％）になった。７・８月の猛暑により、反収５２６kg（1等米25％）で、今まで例のない高温障害を受けた。
〔平成23年（２０１１）の農業〕
ＴＰＰ（環太平洋経済連携協定）への参加阻止運動が農協を中心に高まった。田植後の低温、９月上旬の台風によるフェーン現象により、平均反収５８５kgのやや不良。

3、米価の推移

昭和59年（１９８４）まで値上がりしていた米価は、それ以降値下がる一方です。この54年間の米価（玄米60kgの価格）を表にして掲載します。

〔表14〕米価の推移（玄米60kg・円）

和暦（西暦）年	米価	和暦（西暦）年	米価
昭和43（1968）	8256	7（1995）	16392
44（1969）	8090	8（1996）	16392
45（1970）	8152	9（1997）	16217
46（1971）	8482	10（1998）	16000
47（1972）	8880	11（1999）	15000
48（1973）	10218	12（2000）	14000
49（1974）	13491	13（2001）	15500
50（1975）	15440	14（2002）	15500
51（1976）	16432	15（2003）	19600
52（1977）	17086	16（2004）	13700
53（1978）	17176	17（2005）	12700
54（1979）	17176	18（2006）	12350
55（1980）	17536	19（2007）	11300
56（1981）	17603	20（2008）	12300
57（1982）	17797	21（2009）	12300
58（1983）	18112	22（2010）	9000
59（1984）	18505	23（2011）	12800
60（1985）	18505	24（2012）	14500
61（1986）	18805	25（2013）	11500
62（1987）	17557	26（2014）	8500
63（1988）	16743	27（2015）	10200
平成 元（1989）	16743	28（2016）	12300
2（1990）	16500	29（2017）	13300
3（1991）	16392	30（2018）	13600
4（1992）	16392	令和 元（2019）	13300
5（1993）	16392	2（2020）	12600
6（1994）	16392	3（2021）	10600

昭和60年までは『米価の歩み千七百年』(秋田県穀友会編)、昭和62~平成9年は新聞記事、平成10年以降は全農秋田県本部のあきたこまち仮渡金（追加払い含む）を使用しました（平成15年の高騰は、冷害による米不足のため2度追加払いが行われたことによります）。

昭和58~60年頃の米価は、1万8000円を超えていたが、平成になってからは値下がりが続いています。令和4年（2022）産のあきたこまちの仮払金は1万1100円となり、約40％の落ち込みです。他方、肥料・農機具・農業資材の方は値上がる一方で、農業所得は年々減少をたどっています。私は平成11年（1999）の『第四次入植三十周年記念誌』に次のようなことを書きました。

「……四次入植二十周年記念は、くしくも昭和の終わりであった。そして、今回の三十周年記念は20世紀の終わりである。激動の昭和から平穏な世の中を望んだ平成は、バブル崩壊、平成大不況と厳しいものになった。21世紀も決してバラ色ではないと思う。現に、平成11年産米がよもやと思われた1万5000円を割ってしまった。〝十五町歩もあるのだから〟という神話が、もはや崩れようとしている」と。

現在はこの1万5000円も大きく割り込んでしまいました。132ページに掲載したように15haの人は40％になり、まさに十五町歩神話が崩れてしまいました。

私は平成19年（２００７）に65歳で長男に経営委譲しました。長男はそれなりに頑張っていますが、経営は厳しいようです。

112ページで述べたように私たちの時代は償還金の支払いがありました。１年間の支払額は、田んぼの３３２万円に住宅と営農グループの農業機械を加えると約３５６万円でした。これを20数年間続けたのです。今考えるとよく支払ったものだと思います。これは米価が高かったからできたのであって、現在のような低米価ではとても無理だったと思っています。

あとがき

日本は有史以来、食糧難との闘いでした。いつの時代も「食糧増産」が政治の最優先政策でした。このため、古い時代から八郎潟の干拓に目が向けられてきたものだったと思います。

今回、この本を書きながら感じたことは、干拓に着手するまで余りにも長い年月が掛かり過ぎて、どんどん世の中が変わり当初の目的が失われて基本計画を大きく変更しなければならなくなったことです。このような巨大開発は、時代の変化を十分考慮しなければならないものと感じましたが、人間の力では将来を予測することはとても難しいことも知りました。

飽食の時代となった現在、干拓の必要性や干拓は自然破壊などという声も聞かれるようになっています。しかし、食糧自給率38％の日本は、この度のウクライナ危機により食料価格が高騰し生活を脅かしています。世界の人口は80億を超え、食糧危機も懸念されています。これからは、お金さえ出せば食料が買える時代ではなくなっていくでしょう。大潟村は先人が苦労して造った国土（陸地）です。将来に備えて大事に維持しなければならないと強く感じました。

私の本作りは、坂本進一郎さん（4次入植者）に触発されて始めました。坂本さんの半分が目標だったので、今回どうにか目標の15冊目を出版することができました。今後も健康であれば、今度は本作りとは全く別のことに挑戦していきたいと思っています。

令和5年春

参考文献及び引用資料

農林省構造改善局編『八郎潟干拓事業誌』（１９６９・農業土木学会）
八郎潟新農村建設事業団編『八郎潟新農村建設事業団史』（１９７６）
農林省構造改善局編『八郎潟新農村建設事業団誌』（１９７７・農業土木学会）
八郎潟新農村建設事業団編『八郎潟新農村建設事業　事業成績書』（１９７８）
八郎潟新農村建設事業団編『写真集・新農村建設の歩み』（１９７６）
『大潟村史』（２０１４・大潟村）
『大潟村史別冊・時を重ねて』（２０１５・大潟村）
毎日新聞連載「生まれ変わる　八郎潟」（１９６３）
千葉治平著『八郎潟』（１９７２・講談社）
富民協会編『国土はこうして創られた』（１９７４）
川辺信康著『写真集　潟の記憶』（１９９１・秋田魁新報社）
小畑勇二郎著『大潟村の今後に期待するもの』（１９７９・大潟村）
谷口吉光著『八郎潟はなぜ干拓されたのか』（２０２２・秋田魁新報社）
宮田正馗著『ゼロから自治体を創ったらどうなるか？』（２０２３・公職研）
山野昭男著『日本の干拓地』（２００６・農林統計協会）
『秋田県の歴史』（１９８７・河出書房新書）
『秋田県の昭和史』（１９８９・無明舎）

著者略歴

佐藤晃之輔《さとうこうのすけ》

1942年8月　秋田県由利本荘市東由利老方字祝沢に生まれる
1970年11月　第4次入植者として大潟村に移る

所属団体　大潟村文化財保護審議会委員　秋田県文化財保護協会会員
菅江真澄研究会会員　秋田県歴史研究者・研究団体協議会会員

著　　書　『秋田・消えた村の記録』（1997・無明舎出版）
『秋田・消えた分校の記録』（2001・同）
『秋田・消えた開拓村の記録』（2005・同）
『伊能忠敬の秋田路』（2010・同）
『祝沢・分校と部落のあゆみ』（1994・私家版）
『高村分校の軌跡』（1996・同）
『小松音楽兄弟校歌資料』（2003・同）
『秋田・羽州街道の一里塚』（2013・秋田文化出版）
『秋田・消えゆく集落180』（2017・同）
『秋田・ダム湖に消えた村』（2017・同）
『秋田・八郎湖畔の歴史散歩』（2018・同）
『秋田・ムラはどうなる』（2020・同）
『大潟村一農民のあれこれ』（2021・同）
『秋田・道路元標&旧町村抄』（2022・同）

秋田・大潟村の話しっこ

二〇二三年一〇月一日　初版発行
定価　一六五〇円（税込）

著者　佐藤　晃之輔

発行　秋田文化出版株式会社
〒〇一〇―〇九四二
秋田市川尻大川町二―八
TEL（〇一八）八六四―三三二二（代）
FAX（〇一八）八六四―三三二三
＊

ISBN978-4-87022-612-8
地方・小出版流通センター扱